厲害了，我的神

超精彩的 希臘

傳奇故事

傳說中，
半神半人的英雄，
他們英勇非凡，
展現了征服自然的

豪邁氣概和頑強意志！

培育
文化　益智館　31

厲害了，我的神：超精彩的希臘傳奇故事

編著　徐正澤
責任編輯　林威彤
內文排版　王國卿
封面設計　林鈺恆

出版者　培育文化事業有限公司
信箱　yungjiuh@ms45.hinet.net
地址　新北市汐止區大同路3段194號9樓之1
電話　（02）8647-3663
傳真　（02）8674-3660
劃撥帳號　18669219
CVS代理　美璟文化有限公司
TEL／(02)27239968
FAX／(02)27239668

總經銷：永續圖書有限公司

永續圖書線上購物網
www.foreverbooks.com.tw

法律顧問　方圓法律事務所　涂成樞律師
出版日期　2019年06月

國家圖書館出版品預行編目資料

厲害了，我的神：超精彩的希臘傳奇故事 ／
徐正澤編著.-- 初版. -- 新北市：培育文化，
民108.06　面；　公分. --（益智館；31）
ISBN 978-986-97393-4-4（平裝）

1. 希臘神話

284.95　　　　　　　　　　108005033

厲害了我的神 CONTENTS

厲害了我的神 CONTENTS

海克力士的出世

海克力士的母親叫阿爾克墨涅，阿爾克墨涅是珀耳修斯的孫女，她是底比斯國王安菲特律翁的妻子，宙斯有一次偶然經過底比斯，他被阿爾克墨涅驚人的容貌所傾倒。當時阿爾克墨涅的丈夫安菲特律翁正在遠出征戰，為了接近阿爾克墨涅，宙斯便化裝成她丈夫的模樣，大搖大擺的進入宮殿。衛士和僕從以為是國王回來了，連忙向他獻慇懃，並把他帶到王后身邊。阿爾克墨涅沒有認出他是宙斯，這時底比斯城下了一場金雨。就這樣她從奧林匹斯聖山之主那裡懷了力大無比的海克力士。

然而，海克力士一來到人間便引起了天后赫拉的嫉妒。赫拉痛恨阿爾克墨涅當了丈夫的情婦。當然，她對

海克力士也很忌恨，因為宙斯向諸神預言，他的這位兒子前途無量，將來會大有作為。當阿爾克墨涅生下海克力士時，她擔心他在宮中的安全沒有保障，於是將他放在籃裡，籃子上蓋了一點稻草，然後放到一個地方。當然，如果不是一個神奇的機會，使雅典娜跟赫拉走到那個地方，這孩子肯定活不了。雅典娜看到孩子生得漂亮，非常喜歡，她很可憐他，便勸赫拉給孩子餵奶。他咬住赫拉的乳頭，貪婪的吮吸她的乳汁，吸得她的乳頭生疼。赫拉生氣的把孩子扔到地上。雅典娜同情的把孩子抱起來，帶回城裡，交給王后阿爾克墨涅代為撫養。阿爾克墨涅一眼就認出這是自己的兒子，她高興的把孩子放進搖籃。她由於畏懼赫拉，遺棄了孩子，沒想到滿懷妒忌的繼母竟用乳汁救活了她情敵的兒子。不僅如此，海克力士吮吸了赫拉的乳汁，從此脫離了凡胎。

但赫拉很快就明白了這孩子是誰，而且知道他現在又回到了宮殿。她十分後悔當時沒有報復孩子，把他除掉。隨即她派出兩條可怕的毒蛇，爬進宮殿去殺害孩子。深夜，孩子沉浸在甜蜜的酣睡中。熟睡的女傭和母親都沒有發現兩條毒蛇從敞開的房門裡溜了進來。它們一直來到給嬰兒做搖籃用的盾牌上，兩條毒蛇嘶嘶作響，正要張口用鋒利的毒牙往嬰兒兩頰咬時，海克力士

突然醒來。兩手各抓住一條蛇使勁一捏，竟把兩條蛇捏死了。這就是這位英勇無比的英雄完成的第一個業績。

國王安菲特律翁疼愛孩子，把他視為宙斯賜予的禮物，這孩子在母親的撫養下，像肥沃的果園裡的樹苗一樣茁壯成長。宙斯在神聖的奧林匹斯山上也像一位嚴父一樣關照著他。底比斯盲人的先知者提瑞西阿斯對阿爾克墨涅說：「我敢斷言，希臘許多婦女都將在黃昏梳理羊毛時，歌頌你的兒子和生下他的你，他將成為全人類的英雄。他會受到嚴格的管教，但是，將他不想學的東西教他是件危險的事情。」

國王安菲特律翁知道兒子天賦極高，於是他決心讓兒子享受一個英雄的教育。他聘請了各地英雄給年輕的海克力士傳授種種本領。他親自教他駕駛戰車的本領；俄卡利亞國王歐律托斯教他拉弓射箭；哈耳珀律庫斯教他角鬥和拳擊；刻莫爾庫斯教他彈琴唱歌。宙斯的雙生子之一卡斯托耳教他全副武裝地在野外作戰；阿波羅的兒子，白髮蒼蒼的里諾斯教他讀書識字。赫拉克勒斯展現了學習的天賦和才能。可是他不能忍受折磨，而年老的里諾斯又是一個缺乏耐心的教師。

有一次，他無端責打海克力士。海克力士順手抓起他的豎琴，朝老師頭上扔去，他即刻倒地身亡。海克力

士十分後悔，但他仍被傳到法庭。為人正直而又知識淵博的法官拉達曼提斯宣佈他無罪。法官頒布了一條新法，即由於自衛而打死人者無罪。可是安菲特律翁擔心力大無窮的兒子以後還會犯下類似的罪過，所以把他送到鄉下去放牛。海克力士在這裡過了一年又一年，長得又高又強壯。他身高一丈多，雙眼炯炯有神，猶如閃爍的炭火。他善騎會射，射箭或投槍都能百發百中。

當他十八歲時，完全地長大了，已長成希臘最英俊、最強壯的男子漢。他面臨著命運的挑戰，現在是看看他一身武藝和力量是用來造福還是作惡的時候了。

02 海克力士與巨人的戰鬥

大地女神該亞為天神尤拉諾斯生下一群巨人，這些怪物面目猙獰，雜亂的長鬚，長髮，身後拖著一條帶鱗的龍尾巴，這就成了他們的腳。母親唆使他們反對宙斯，因為宙斯成了世界的新主宰，把該亞從前生下的一群兒子，即提坦巨人們全都打入了地獄塔耳塔洛斯。幾年後，他們衝破了地獄，在帖撒利的田野上冒出來。一看到他們，星星變色，連阿波羅都掉轉了太陽車的方向。

大地之母對他的兒子們說：「去吧，孩子們，為我，為往昔的神祇之子去報仇。普羅米修斯的肝臟被禿鷹啄食著；宙斯用閃電擊中堤俄斯，他躺在地上，兩隻大雕在啄他的肝臟；阿特拉斯被判處肩扛蒼天；提坦巨人被鐵鍊鎖住受盡折磨。現在你們去拯救他們，你們用

我的肢體——高高的山峰作為階梯和武器，登上星光照耀的城堡。阿耳克尤納宇斯，你去奪下暴君手中的權杖和閃電；恩刻拉多斯，你去征服海洋，將波塞冬趕走；律杜斯去奪下太陽神手裡的韁繩，珀耳菲里翁去佔領特爾斐的神殿！」巨人們聽到母親的命令，歡呼雀躍的紛紛登上了帖撒利山，準備從那裡向天空發起衝擊。

神祇的使者彩虹女神伊里絲知道這件事後，連忙召集諸位天神、水神以及地府裡的命運女神，讓他們一起前來，共同商量對付的辦法。冥王和冥后珀耳塞福涅離開了他們的冥府來到奧林匹斯聖山。各路神祇們從四面八方湧來，集合在奧林匹斯聖山上。

宙斯對他們說：「諸位神祇，你們看看，大地之母如何起勁並又惡毒地反對我們。大家起來進行戰鬥吧，她給我們派來多少個兒子，我們就要給她送回多少具屍體！」

宙斯剛把話講完，天空中就響起陣陣雷鳴。地下的該亞在下面掀起猛烈的地震，作為回報。大自然又像造物時一樣陷於一片混亂。巨人們拔掉一座又一座高山，以山作梯一步步的朝著神祇的住地爬上來，手裡拿著燃燒的櫟木大棒和巨大的石塊，像風暴一樣向奧林匹斯山衝擊。神祇們得到一則神諭，如果沒有一名凡人參與戰

鬥，那麼神祇們就殺不死前來侵犯的巨人。該亞聽到這消息，急忙尋找一種方法，以保證自己的兒子們不受凡人的傷害。這需要一種藥草，然而，宙斯卻搶先一步，他不讓朝霞、月亮和太陽露出光芒。當該亞在黑暗中到處尋找藥草時，宙斯卻把藥草收割起來。他請雅典娜將藥草交給自己的兒子海克力士，並要求他前來參戰。

奧林匹林斯聖山上燃起熊熊的戰火，雙方就這樣開戰了。戰神阿瑞斯一槍刺穿了蛇足巨人珀洛羅斯，又駕著戰車碾過他的肢體。當這位巨人看到凡人海克力士爬到奧林匹斯山頂時，他才靈魂出竅而死。

海克力士環顧戰場，為自己的弓箭找到了目標：他一箭射中阿耳克尤納宇斯，巨人滾落下去，可是接觸到大地，他又復活了。按照雅典娜的主意，海克力士也追了下去。他把阿耳克尤納宇斯從地上舉起。可憐的阿耳克尤納宇斯一離開大地就死去了。巨人珀耳菲里翁氣勢洶洶的朝海克力士和赫拉猛撲過來，要跟他們決一死戰。

宙斯看著這一切，馬上讓巨人產生要看一看神后的念頭，他剛掀開赫拉的面紗，宙斯就用炸雷擊中了他。海克力士射出一箭，使他當場斃命。巨人的戰鬥行列裡已奔出了眼中直噴火花的埃菲阿耳斯。於是，阿波羅和這位半神一起動手，射出兩箭，射中了埃菲阿耳斯的雙

眼。酒神狄俄倪索斯舉起酒神杖，將律杜斯打倒在地。
赫淮斯托斯單手扔出一把燒得通紅的鐵彈，灼熱的鐵彈
像暴雨似的澆下，巨人刻呂提俄斯當場倒地身亡。雅典
娜則舉起西西里島，猛的朝正在逃跑的恩刻拉杜斯砸
去，把他壓住了。

　　巨人波呂波特斯被波塞冬在大海上追擊，一直逃到
愛琴海的可斯島。波塞冬即刻劈裂海島的一角，將他埋
在裡面。赫爾墨斯頭上戴著地獄神普路同的戰盔，殺死
了希波呂托斯。另外兩位巨人也被命運女神的鐵棒砸
死。其餘的巨人或被雷電擊斃，或被海克力士用弓箭射
死。

　　戰鬥結束了，大地之母該亞的巨人兒子們被一個個
都打敗了，奧林匹斯聖山上的諸神稱讚海克力士的赫赫
戰績。海克力士得到了宙斯給予的勇敢者的稱號。

03 勇鬥尼密阿巨獅

在阿耳戈利斯地區的伯羅奔尼撒，尼密阿和克雷渥納之間的大森林裡生活著一頭獅子。獅子凶悍無比，人間的武器根本不能傷害它。有人說，獅子本是巨人堤豐和半人半蛇的女怪厄喀娜所生的兒子，還有人說，它是從月亮上掉到地上來的。底比斯國王交給他兒子海克力士的一個任務就是海克力士為他剝下尼密阿巨獅的獸皮。

一天，海克力士出發去捕殺獅子。他一路奔波，來到克雷渥納，遇見一位可憐的名叫莫洛耳庫斯的短工，他受到了熱情的接待。莫洛耳庫斯正想宰殺一頭牲口獻祭宙斯。海克力士對他說：「善良的人哪，讓你的牲口再活三十天吧！如果那時我能順利的打獵回來，那麼你

就可以給救星宙斯獻祭，如果我死了，你就應當給我獻祭，把我當作升入神祇的英雄。」說完，海克力士又繼續向前走。

海克力士背著箭袋，一隻手拿弓，另一隻手上拿著從赫利孔山上連根拔起的橄欖樹做成的木棒。幾天後，他來到尼密阿的大森林裡。他在林間四下尋找那隻兇猛的獅子。可是周圍看不到獅子的足跡，他沒有遇到一個人。因為所有的人由於害怕都躲在家裡，關上門。直到傍晚，那隻獅子才在一條林中小路上慢慢走來。它剛剛捕食回來，準備回窩休息。它肚子鼓鼓的，頭上、鬣毛和胸脯上還滴著點點鮮血，舌頭正舔著嘴唇上的血。

海克力士看到它一步步靠近，連忙躲進茂密的樹叢裡，悄悄的等它走近，並用箭頭瞄準它的腰部，海克力士拉開弓射去一箭。可是他的箭沒有射傷它，卻像射在石頭上一樣被反彈回來，落在滿是苔蘚的地上。獅子昂起浴血的頭，轉動著眼睛四下張望，露出可怕的巨牙。正好把胸脯對著海克力士。於是海克力士抓住時機，朝它的心臟處射去第二支箭。可是這次也一樣，箭傷不了它。

海克力士要射第三支箭時，獅子已經看到了他。它暴怒的夾起長尾巴，頸部因狂怒而膨脹，鬣毛豎起，弓起背，瞪著血紅的大眼，發出沉悶的吼叫，向它的敵人

撲來。海克力士扔下手中的箭，丟掉披在身上的獅皮，右手揮著木棒朝獅子頭狠狠打去，擊中了它的脖子，獅子倒在地上。然後它四肢顫抖著站起來，海克力士還沒有等它恢復過來，立即衝上去。他騰出雙手，抱住獅子的脖子，狠命的卡住獅子的喉嚨，獅子掙扎了一陣子，終於斷了氣。

海克力士費盡周折也沒有把獅皮剝下來，因為任何鐵器都無法在它身上劃出一道傷口。最後，他想出一個辦法，用它的利爪劃破了皮，終於把獅皮剝了下來。後來，他用這張奇異的獅皮縫製了一件盔甲，還做了一個新頭盔。最後他把帶來的獅皮和武器收拾好，把尼密阿巨獅的獅皮披在肩上，出發回底比斯去。

正好三十天過去了，海克力士按照約定來到莫洛耳庫斯那兒，而此時莫洛耳庫斯正忙著給海克力士的亡靈獻祭。然而，這位英雄突然出現在他的面前，他不禁驚喜交加。於是兩人一起給救世主宙斯獻祭供品，而後，海克力士親切地與他告別，往故鄉走去。

國王歐律斯透斯看見海克力士披著可怕的獅皮回來時，嚇得雙腿發顫，他畏懼英雄的神力，從此，再也不讓海克力士走近自己，各項命令都由珀羅普斯的兒子庫潑洛宇斯為他轉達。

04

摘取金蘋果

宙斯跟赫拉結婚時，所有的神祇都給他們送上禮物。在宙斯與赫拉的婚宴上，大地女神該亞，從西海岸帶來一棵枝葉茂盛的大樹，樹上結滿了金蘋果。她將這棵金蘋果樹送給了宙斯跟赫拉。宙斯命令夜神的名叫赫斯帕里得斯的女兒看守栽種這棵樹的聖園。幫助她們看守的還有拉冬，它是百怪之父福耳庫斯和大地之女刻托所生的百頭巨龍，它從不睡覺。它走動時，一路上總會發出震耳欲聾的響聲，因為它的一百張嘴發出一百種不同的聲音。一天，底比斯國王命令海克力士必須從巨龍那兒，摘取赫斯帕里得斯的金蘋果。

海克力士接到命令後就踏上了漫長而艱險的旅途。因為他不知道赫斯帕里得斯到底住在哪裡，於是他只有

漫無目的地走著。他首先來到帖撒利，那是巨人特耳默羅斯居住的地方。巨人有堅硬的頭顱，碰到過往旅客就追上去用頭將他頂死。但是這次他的腦袋撞在海克力士的頭上卻被撞得粉碎。

海克力士又繼續趕路，來到埃希杜羅斯河附近，遇到了一個怪物，那是阿瑞斯和波瑞涅的兒子庫克諾斯。海克力士不知他的底細，向他打聽赫斯帕里得斯的聖園在哪兒。他沒有回答，並向海克力士挑戰，當場被海克力士打死。這時候，戰神阿瑞斯急忙趕來，要為死去的兒子報仇。海克力士不得不迎戰。可是宙斯卻不願意看到他們當中任何一個流血，因為他倆都是他的兒子。他用一道雷電把他們隔開了。

海克力士繼續前進，穿過伊利裡亞，跨過埃利達努斯河，來到一群山林水澤女神的面前。她們是宙斯和特彌斯的女兒，居住在埃利達努斯河的兩岸。海克力士向她們問路。女神們回答說：「你去找年老的河神涅柔斯，他是一位預言家，知道一切事情。你要趁他睡覺的時候襲擊他，將他捆起來，然後他就會告訴你真情。」海克力士按照女神的建議制服了河神。直到問清了在哪裡可以找到赫斯帕里得斯的金蘋果才放了他。

要找到赫斯帕里得斯的金蘋果，他必須穿過利比亞

和埃及。統治那裡的國王乃是戰神波塞冬和呂茜阿那薩的兒子波席列斯。在連續九年的乾旱後，塞浦路斯的一個預言家宣佈了一個殘酷的神諭：只有每年向宙斯獻祭一個外地人，才會使土地變得肥沃。

為感謝他所說的神諭，波席列斯國王把他作為第一個祭品殺死。後來，這個野蠻的國王對於這每年的殘暴的祭禮很感興趣，以致到埃及來的外地人全遭到殺害。海克力士也被抓了起來，被捆綁著送到祭供宙斯的聖壇前。海克力士掙脫了捆綁的繩子，並將波席列斯國王連同他的兒子和祭司統統殺死了。

海克力士一路上遇到了許多險事。他在高加索山上釋放了被縛的普羅米修斯，又順著這個被解放了的提坦神所示的方向，來到阿特拉斯背負青天的地方。這裡正是赫斯帕里得斯看守金蘋果的聖園。海克力士按照普羅米修斯的建議沒有親自去摘金蘋果，而是派阿特拉斯去完成這個任務。

他答應在阿特拉斯離開的這段時間裡親自背負青天。於是阿特拉斯肩扛天空的重擔交給了海克力士，自己然後朝聖園走去。他想法引誘巨龍昏昏入睡，並揮刀殺死了它，又騙過看守的仙女們，摘了三個金蘋果後回到海克力士的面前。

　　但是他對海克力士說：「我的肩膀嘗夠了扛天的滋味，也感到沒有重負的輕鬆，我不願再扛了。」說完，他把金蘋果扔在海克力士腳前的草地上，讓他扛著沉重的青天站在那裡。海克力士想出了一條計策來擺脫肩上的重負。

　　「喂，我想找一塊軟墊擱在頭上，」他對阿特拉斯說，「否則，這副重擔都快把我的腦袋壓裂了。」阿特拉斯認為這是一個合理的要求，因此同意先代他再扛一會兒。他接過了擔子，一直等海克力士來接替他，可是過了好久都沒等來，而這時海克力士早已拾起金蘋果離開了。

　　海克力士回到底比斯王國後把金蘋果交給了國王歐律斯透斯。國王看到海克力士活著回來了感到很憂傷，他原希望他會在摘取金蘋果時喪命。其實他並不喜歡金蘋果，因此就把金蘋果送給了海克力士。海克力士就把金蘋果供在雅典娜的聖壇上。後來女神們把這些聖果又送回原來的地方讓赫斯帕里得斯繼續看管。

征服亞馬遜人

國王歐律斯透斯有一個女兒，名叫阿特梅塔。海克力士跟隨伊阿宋在海上冒險時來到歐律斯透斯那兒，阿特梅塔的父親提出一個要求，要海克力士奪取亞馬遜女王希波呂特的腰帶，把它獻給阿特梅塔。

亞馬遜人是一個婦人國，她們居住在本都的特耳莫冬河兩岸，買賣男人生育，把生下的女孩留下，並養育她們長大。這個民族尚武好戰。她們的女王希波呂特佩帶一根戰神親自贈給她的腰帶。這是標誌著她女王的權力。

海克力士答應了歐律斯透斯的請求，於是他召集了一批志願參戰的男子漢，搭船去冒險。經過幾番周折後，他們進入黑海，最後來到特耳莫冬河口，又順流而

上，駛入亞馬遜人的港口特彌斯奇拉。他們在這裡遇到了亞馬遜人的女王。

女王看到海克力士相貌堂堂，身材魁梧，對他非常喜歡和敬重。她聽說英雄遠道而來的目的後，一口答應將腰帶送給海克力士。

可是天后赫拉知道了這事以後，因為她憎恨海克力士。於是就扮成一個亞馬遜女子，混雜在人群中散佈謠言，說一個外地人想要劫持她們的女王。亞馬遜人一聽都信以為真，她們都很憤怒，即刻騎上馬背，襲擊住在城外帳篷裡的海克力士。於是，一場惡戰就這樣發生了。

勇敢的亞馬遜女人與海克力士的隨從作戰，另有一批久經沙場的女子衝過來，與海克力士對陣。與海克力士交手的第一個女子阿埃拉因為奔跑如風，人稱旋風女。可是海克力士比她跑得更快。她最終還是敗下陣來，在她準備逃跑時，被海克力士追上殺死。

第二個女子剛與海克力士交手，就被打倒在地。這時上來了第三個女子，名叫珀洛特埃，她在個人對陣中七次獲勝，可是這次與海克力士的戰鬥中沒打幾個回合，她就被打死了。

在她死了以後又上來八個女子，其中有三個是在阿耳特彌斯狩獵中被選中的勇士，投槍是百發百中。可是

在這場戰鬥中她們卻大失威風，射不準目標，結果都被海克力士擊中。最後立誓終身不嫁的阿爾奇潑也倒在戰場上。最後，連亞馬遜女人的首領，英勇善戰的麥拉尼潑也被海克力士活捉。亞馬遜女人頓時如鳥獸散，紛紛潰逃。女王希波呂特最後獻出了腰帶，因為那是在作戰前她已答應獻出的。海克力士收下腰帶，同時放回麥拉尼潑。

　　海克力士拿到腰帶後在回邁肯尼的途中，在特洛伊海岸上又經歷了一場新的冒險。因為正當他要經過這裡時，他發現特洛伊國王，拉俄墨冬的女兒赫西俄涅被捆綁在一塊岩石旁，在恐怖中等待來吞食她的妖怪。原因是海神波塞冬曾經給拉俄墨冬建造了特洛伊城牆，但國王卻吝惜錢財，沒有付給報酬。為了報復，海神派海怪踐踏土地，危害人畜，直到國王拉俄墨冬在絕望中被迫交出自己的女兒，以求得自身和國家的太平。

　　海克力士經過那裡的時候，國王連忙請求他援助，並一口答應，只要他救出自己的女兒，就送給他一群漂亮的駿馬。這些馬還是宙斯送給拉俄墨冬的父親的禮物。

　　於是海克力士埋伏在海怪出沒的地方，等待著妖怪的到來。一會妖怪終於來了，它張開血盆大口正準備吞食女子。這時，海克力士猛的衝上去，跳進它的喉嚨，

進入它的腹腔,用刀割碎它的內臟,然後從它的身上挖了一個洞,爬了出來。

　　可是拉俄墨冬這次卻沒有遵守他的諾言,沒有送上馬匹。於是海克力士攻奪了城市,殺死國王,將少女交給曾救過他的朋友,住在薩拉密斯城的特拉蒙。

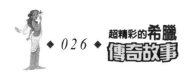

06 帶回地獄之狗

國王歐律斯透斯一直想要除掉他所討厭的競爭
對手海克力士，他經過幾次陷害反而幫助海
克力士贏得了更大的榮譽。許多人對海克力士感激不
盡，因為他免除了人們的許多苦難。

現在，狡猾的國王又想出了最後一個冒險任務，這
是任何英勇的神力都無法施展的，那就是要他去和地獄
的惡狗拚鬥，並把冥王的看門狗刻耳柏洛斯帶回來。這
狗有三個頭，狗嘴滴著毒涎，下身長著一條龍尾，頭上
和背上的毛全是盤纏著的條條毒蛇。

海克力士首先來到阿提喀的厄琉西斯城，尋找那裡
的祭司傳授陰陽世界的祕密之道。他在這個神聖的地方
洗刷了殺害肯陶洛斯人的罪孽後，祭司奧宇莫爾珀斯便

傳授了祕道給他。海克力士獲得了神祕的力量，不再懼怕恐怖的地獄。

在伯羅奔尼撒半島南端的特那隆城，傳說這裡有一個通往地獄的入口。他來到這裡，由亡靈引導神赫爾墨斯帶領，下降到深淵，來到普路同王，即哈德斯的京城。

城門前轉悠著許多悲哀的陰魂，它們一見有血有肉的人，立即驚嚇得四散奔逃。只有戈耳工怪物墨杜薩和墨勒阿革洛斯的靈魂敢於面對生靈。正當海克力士揮劍想要砍殺戈耳工時，赫爾墨斯急忙抓住他的手臂，對他說，死人的靈魂是空洞的影子，是不會被劍砍傷的。

赫爾墨斯還與墨勒阿革洛斯的靈魂友好的交談，並答應回到陽間後，給他的姐姐達埃阿尼拉送去親切的問候。在走近哈德斯的城門時，海克力士看見了他的朋友特修斯和皮瑞塞斯。

皮瑞塞斯是陪特修斯來地府向冥后珀耳塞福涅求愛的。他們兩人由於這種狂妄的念頭，而被普路同鎖在他們坐下休息的石頭上。兩人看到老朋友海克力士經過身旁，便向他伸出手救援。他們希望透過海克力士的力量重新回到陽間。

海克力士抓住特修斯的手，把他從鐐銬中解脫出來。當他又想解救皮瑞塞斯時，卻失敗了，因為大地在

他腳下開始劇烈地震動。再往前走，海克力士又認出了阿斯卡拉福斯。他曾經誹謗珀耳塞福涅偷吃哈德斯的紅石榴，因此被珀耳塞福涅的母親德墨特耳變成了貓頭鷹。德墨特耳由於女兒受損遷怒於他，把一塊大石頭壓在阿斯卡拉福斯身上。

海克力士為他搬開了石頭。為了使焦渴的鬼魂喝上一口牛血，海克力士殺了普路同的一頭牛，但這得罪了牧牛人墨諾提俄斯。他向海克力士挑戰，要和他角力。海克力士攔腰抱住他，捏斷了他的肋骨。冥后珀耳塞福涅急忙出來求情，他才放下了墨諾提俄斯。

海克力士正要去死城，冥王普路同在城門口攔住了他，不讓他進去。海克力士向冥王射去一箭，擊中冥王的肩膀，他痛得如同凡人一樣亂跳亂叫。他嘗到了苦頭後就不敢招惹海克力士，所以他答應交出地獄惡狗刻耳柏洛斯，只是提出了一個條件：不能使用武器。海克力士同意了。他只穿了胸甲，披著獅皮，去捕捉惡狗。

在冥河的河口那隻三頭狗，正昂起三個頭猙猙狂吠，回聲如同打雷。海克力士用雙腿夾住三個狗頭，用手臂撲住狗脖子，不讓它逃脫，但狗的尾巴，完全是條活龍，妄圖抽擊他，並要咬他。海克力士仍緊緊的卡住狗脖子，終於制服了這條惡狗。

　　他舉起狗，帶著它離開冥府，從亞哥利斯的特律策恩附近的另一個出口回到了陽間。地獄惡狗刻耳柏洛斯一見到陽光，害怕得吐出了毒涎，滴到地上，於是地上長出劇毒的烏頭草。海克力士用鐵鍊拴住刻耳柏洛斯，把它帶到提任斯，交給歐律斯透斯。

　　國王歐律斯透斯驚訝得幾乎不敢相信自己的眼睛了。他終於相信自己是不可能除掉宙斯的這個兒子的，他只好聽憑命運的安排沒有再刁難海克力士。最後吩咐海克力士把地獄惡狗送回地府，交給冥王。

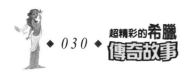
07

海克力士和德伊阿尼拉

海克力士在伯羅奔尼撒半島做出了許多英雄業績後，又來到埃陀利來和卡呂冬，找到國王俄紐斯。海克力士是慕名前來求婚的。他早在地府時就已經聽朋友墨勒阿革洛斯講起妹妹的天姿國色。事實也確實如此，俄紐斯的女兒德伊阿尼拉，長得非常美麗，迷人，吸引許多求婚者找上門來。她因此被一些討厭的求婚者纏著，而其中一位就是河神阿刻羅俄斯。

在她來卡呂冬之前，她住在珀洛宇宏，那是她父親王國裡的另一座城市。河神阿刻羅俄斯傾慕德伊阿尼拉的美貌，前來求婚。可是他長得醜陋無比，叫人害怕。他起初變作一頭公牛，後來又變作一頭有閃光龍尾的巨龍，最後，他雖然變作牛頭人形，蓬亂的下巴底下流出

一股清泉。德伊阿尼拉見到這個奇形怪狀的求婚者仍十分害怕，絕望的向神祇祈禱，請求一死。但河神卻逼得越來越緊，她的父親也並非不願意將女兒嫁給阿刻羅俄斯，因為這位河神是神祇的子孫。

海克力士來到這裡後知道，不經過一番激烈的爭奪是得不到這樣一位美麗的女郎的。頭上長角的河神看到海克力士前來爭奪他的意中人，氣得青筋暴凸，企圖用牛角頂撞海克力士。

於是在國王、王后和他們的女兒德伊阿尼拉的面前，兩個求婚者勇猛的打鬥起來。而國王俄紐斯看到這兩個求婚者激烈爭奪，並不想阻攔他們，他宣佈誰取得了勝利，他就把女兒許配給誰。海克力士左衝右刺，很久都不能奏效，河神巨大的牛頭，總是一再避開了對手的打擊，尋找機會準備用牛角將他頂翻在地。

他們扭在一起肉搏起來，手臂絞著手臂，腳絆著腳，額頭和身體上汗如雨注，兩人累得氣喘吁吁。最後，宙斯的兒子佔了上風。他把河神猛的一摔，按倒在地。此時河神卻突然變作一條長蛇，海克力士搶上一步，一把捏住蛇頭。要不是長蛇又變作一頭公牛，那真的會給海克力士卡死了。

海克力士不讓他溜走，他抓住一隻牛角，盡力把牛

一扔，可憐一隻牛角早已斷成兩截，河神阿刻羅俄斯見實在是打不過海克力士，最後只得告饒，海克力士成了勝利的求婚者。後來，阿刻羅俄斯的斷角是海中女仙阿瑪爾亞用各種水果汁，如石榴、葡萄等澆在裡面，才治好了的。

最後勝利者海克力士跟德伊阿尼拉舉行了婚禮，可是結婚並沒有改變他的生活方式。他一如既往，總是到處漫遊冒險。有一次，他回到了妻子身旁。可是，在無意之中他失手打死了一個侍童，因此，他不得不再度逃亡。

事情是這樣的：有一個侍童叫奧宇諾摩斯。他在國王俄紐斯設宴招待貴賓時，因一時疏忽，沒有弄清客人的要求。海克力士想給他一個小小的教訓，於是輕輕的拍打了他一下，可是英雄手勁大，不料竟把侍童當場打死了。

國王儘管饒恕了他，但他不得不流亡，他年輕的妻子和小兒子許羅斯也伴隨他一起流亡。於是，海克力士一家三口人又開始了新的旅行冒險生活。

特修斯

特修斯是安提卡聞名遐邇的人神，他的父親是雅典國王埃爾特斯，而他的母親是特隆澤的一位公主。當他還在襁褓中時，他父親就把他交給了母親，自己返回自己的王國去了。

臨行前，國王埃爾特斯將劍和涼鞋埋在一塊巨石之下，並告訴他母親說：一旦特修斯長大了能搬起了石頭，就拿出埋藏的禮物，然後指點他到雅典來。

特修斯十六歲時就長成了身強體壯的年輕人，他智慧超群但卻性情急躁。當他從巨石下拿出寶劍時，就激動的起程去尋找他的父親。旅途驚險至極，他清除了路上所遇的各種怪物猛獸，最終安然無恙的來到雅典。當他抵達雅典時，他已成為家喻戶曉的英雄。他被邀請參

加國王的宴會，國王當然不曉得特修斯就是他的兒子，事實上，國王懼於這位青年名氣太大，心想他可能贏得人民的擁護，被推舉為王。

他設宴歡迎他的真正目的是想毒死他，這個計劃並非國王所出，而是國王埃爾特斯新近娶了的梅底。梅底是個心地歹毒的女人。她一心想讓自己的孩子繼承雅典王國的王位。她已說服國王讓他毒死宴會上的這個陌生人。而特修斯絲毫沒有預料到王宮裡竟隱藏著殺害他的陰謀。

宴會上，梅底想用毒酒毒死特修斯，而特修斯急於想向國王告知他的身分，於是就拔出自己的劍，埃爾特斯國王看見了特修斯的劍，立刻認出原來這個年輕人是自己的兒子。他迅速推開那杯毒酒，擁抱他，並向全國宣佈特修斯是他的兒子和繼承人，不久這位新的繼承人就有了機會，使他受到雅典人的愛戴。而梅底為自己的歹毒計劃攪得心神不安，於是駕上龍車逃掉了，從此再也沒有回來。

特修斯在雅典與父親住了一段時間。當克里坦的公牛跑到馬拉松地區時，特修斯單槍匹馬前去向那隻猛獸挑戰，最終將它作為祭品獻給了眾神。

一段時間裡，雅典人一直為自己曾許諾向克里特國

王彌諾斯進貢一事而困擾不安。克里坦人曾進攻雅典，眾神命令雅典人滿足克里坦所提的條件。也就是每年須向克里特王國進貢七對童男童女來餵養半人半牛的怪物米諾托。為了殺死怪物，使同胞們免遭更大的悲痛，特修斯決定作為被選送犧牲品的一員前往克里特。臨行前，他向父親保證，一旦成功，他將把船上的黑帆換成白帆。

他自願成為一名犧牲者，來到克里特，克里特公主阿瑞安德妮看到他後就喜歡上了他，後來在克里特公主阿瑞安德妮的幫助下，他殺死了半人半牛的怪物並帶著公主一同返回。他把女子留在了納克松斯，讓她自己照顧自己。但是當他的船駛近雅典時，他忘記換上約定好的白帆。他焦慮的父親站在山頂上看到遠處的黑帆時，就絕望的跳海自盡了。特修斯懊悔萬分，再也沒能從自責中緩過來。

後來他接替父親當了國王。他引進了許多好方法來改善人民的生活。為了使國家不再受亞馬遜族女戰士的威脅，他帶隊遠征這個女人國，並俘虜了它的王后安提諾波。事實上，她狂熱的愛上了特修斯並答應嫁給他。後來，亞馬遜族人借口要奪回王后派兵攻打雅典。在接著的戰鬥中，王后被一支亂箭射中，不幸喪命，留下特

修斯一人獨自悲傷。

特修斯與拉皮塞國王皮瑞塞斯是很好的朋友,兩人都雄心勃勃想娶一位出身聖潔的淑女。他們同時看上了宙斯美麗的女兒海倫,於是他們決定將海倫搶來,兩人抽籤決定海倫歸誰,最後特修斯抽中了籤。

後來兩人決定從地府裡拐走冥王哈德斯的妻子珀耳塞福涅,因為皮瑞塞斯喜愛她的美貌。他們被冥王發現後,皮瑞塞斯被綁到了一個旋轉的車輪上了,而特修斯則被拴在了石頭上。最後還是海克力士救了特修斯。

當特修斯回到雅典時,他老態龍鍾,獨斷專橫,結果被人民趕下了台。他被流放到塞庫魯斯島。在那兒,他失足從懸崖上栽到了海裡。從那以後,他杳無音信。幾百年後特洛伊戰爭爆發。雅典人看到一個身材高大的士兵帶領他們勇敢無情地攻擊著入侵的波斯人,他們認出他就是特修斯。

09 特修斯與皮瑞塞斯

雅典國王特修斯是埃爾特和埃特拉所生的兒子，特修斯身強力壯，以勇敢著稱，令人敬仰。那時候還有一位聞名於世的英雄皮瑞塞斯。他是伊克西翁的兒子，很想跟特修斯比一比高低。於是他故意偷走特修斯的幾頭牛。當他聽說特修斯全副武裝的追擊他時，他覺得非常高興，就在一旁守候，準備較量。

兩個英雄逼近時，各自讚賞對方的英武和膽略，因此不約而同的把手中的武器放在地上，然後朝對方跑了過來。皮瑞塞斯伸出右手，要求特修斯裁決他偷牛的事，而特修斯眼中閃著歡樂的光芒，回答說：「我想得到的唯一的滿足，乃是讓你成為我的朋友和戰友。」兩位英雄立即擁抱在一起，相互立誓，永遠忠於友誼。

　　特修斯有許多冒險事跡,他是搭乘阿耳戈號尋覓金羊毛的一名船員。當卡呂冬國王號召希臘最高貴的人士,幫忙殺除蹂躪國土的可怕野豬時,他參加了偉大的卡呂冬狩獵團,在這次狩獵中他解救了魯莽的朋友皮瑞塞斯。事實上,特修斯已救過他好幾次,皮瑞塞斯和特修斯一樣喜愛冒險,卻無法成功。因此,他不斷的遭遇麻煩,特修斯是他的摯友,並且常常救他脫險,他們之間的友誼更加深厚了。

　　後來皮瑞塞斯成了拉比索的國王,當他結婚時,特修斯當然是來賓之一,而且相當派得上用場,這次結婚喜宴可能是所有曾舉行過的喜宴中,最不幸的一次。

　　拉庇泰人是帖撒利地區的有名種族,是兇猛、粗獷的山民,他們是最先馴服馬匹的人類。新娘雖出身這野蠻的種族,卻長得身材苗條,面孔標緻,生性善良。那群長著馬身而面頰是人的怪物山杜爾都來參觀婚禮,他們一邊進行喝酒一邊搶女人,特修斯奮身保護新娘,擊倒一隻企圖帶走新娘的山杜爾,一場可怕的戰爭爆發了。

　　最後,拉庇泰戰勝將山杜爾全族驅逐出境,特修斯一直幫忙到底。由於這次共同的戰爭,他們兄弟般的情誼更加堅強,牢不可破。可是最後不幸的是婚宴中新娘去世了。

　　他們同時看上了宙斯美麗的女兒海倫，特修斯揚言，首先他要親自帶走後來特洛伊戰爭的女英雄海倫，當時她還是個小孩，並且在她長大後娶她。

　　海倫的兄弟是加斯陀和波魯克斯進攻海倫被帶往的城鎮，並且奪回她。後來兩人決定從地府裡拐走冥王哈德斯的妻子珀耳塞福涅，因為皮瑞塞斯喜愛她的美貌。

　　他們來到死亡之國時，冥王知道了以後，並沒有殺他們。但是，他卻以朋友的姿態，邀請他們在他面前坐下。他們照著他指定的位子坐下，結果他們留在那裡，他們無法從座位上站起來，這椅子叫做忘憂椅。無論何人坐上這椅子，他就會忘了一切，腦海成為一片空白，渾身無法動彈。

　　最終，皮瑞塞斯永遠的坐在那裡，而特修斯被他的表兄海克力士救起，帶他回到地面上。海克力士也以同樣的方法企圖救起皮瑞塞斯，但他失敗了，因為死亡的主宰知道是皮瑞塞斯計劃搶走珀耳塞福涅。因此，將他緊緊的扣留住了。

特修斯和淮德拉

　　特修斯年輕時，把彌諾斯的女兒阿瑞安德妮從克里特島帶走，而她的小妹妹淮德拉也跟著她一起離開了克里特島，因為她不想離開他們。

　　後來，阿瑞安德妮被酒神巴克科斯搶去，於是淮德拉跟著特修斯來到雅典，因為她不敢回到暴虐的父親那兒。直到父親去世，她才回到了故鄉克里特，住在哥哥即國王丟卡利翁的宮殿裡。漸漸的淮德拉長成了一個聰慧，漂亮的女郎。

　　特修斯自從妻子希波呂特死後一直未娶。後來他聽到很多人讚美淮德拉嫵媚動人，心中暗暗的希望她能跟姐姐阿瑞安德妮一樣美麗、善良。克里特的新國王丟卡利翁對特修斯也產生了好感，當特修斯從皮瑞塞斯的血

腥的婚禮上戰鬥回來後，這兩個國王就結成了攻守同
盟。於是，特修斯請求丟卡利翁將妹妹淮德拉嫁給自己
為妻，國王很快就同意了他的請求。

不久，特修斯帶著年輕的妻子從克里特回到希臘
國。妻子真的像阿瑞安德妮一樣漂亮，他頓時覺得自己
也年輕了許多。他的新婚充滿了幸福和甜蜜，妻子一連
生了兩個兒子，阿卡瑪斯和德摩豐。可是，淮德拉雖然
年輕貌美，但是對婚姻的態度卻不像她的容貌那樣美
好，她不是一個貞潔的女人。

國王特修斯有個兒子希波呂托斯，正好跟她同歲。
他年輕英俊，風流瀟灑，她喜歡他勝過他的父親。希波
呂托斯的母親是亞馬遜女人，那是特修斯從亞馬遜拐騙
來的女子。父親曾把年幼的希波呂托斯送往特洛曾，在
埃特拉的兄弟們那兒接受教育。希波呂托斯長大成人
後，願把自己的一生獻給處女神阿耳特彌斯，對女人還
從來沒有產生過慾望。後來，希波呂托斯回到雅典和厄
琉西斯，並在那裡參加神聖的慶典。

淮德拉第一次看到了他，還以為面前站著年輕時的
特修斯。他那優美的身姿和純潔的心靈點燃了她心中的
烈火，可是她把感情深深的埋藏在心裡。希波呂托斯走
了以後，她在雅典的城堡上給愛情女神建造了一座神

廟。後來這神廟被稱為眺望的阿佛洛狄特神廟，從這裡可以遠眺特洛曾。她每天都站在那裡眺望著特洛曾。

一次，特修斯前往特洛曾探望親戚和兒子，淮德拉和他一塊去了。在這裡她剛開始仍然壓抑著熾烈的熱情，常常躲在桃金娘樹下悲哀自己的命運。最後，她實在控制不住了，就向她年老的乳母吐露了心事。這個老女人答應把淮德拉的相思之情轉告希波呂托斯。當他聽到她的口信後，十分厭惡。而當不義的後母建議他推翻自己的父親，和她共享王位時，他十分害怕。他認為聽到這樣的一個罪惡的建議就是褻瀆神明。他詛咒一切女人，躲避一切女人。

這時特修斯外出了，乳母正想利用這個機會。但希波呂托斯聲稱，他絕不跟後母在一起。他趕走了年老的乳母後，跑到野外打獵，為他可愛的女神阿耳特彌斯服役，以此遠離王宮。他想等到父親回來時再告知他這件事情。可是淮德拉遭到他的拒絕後，心裡很記恨，於是惡念佔了上風。

當特修斯回來後，他發現妻子已自縊，手上拿著一封遺書。上面寫道：「希波呂托斯破壞了我的名譽。我無路可走，與其對丈夫不忠，還不如一死了之。」

特修斯看完後氣得發抖，他呆呆的站了一會，最後

伸出雙手指著青天，祈求道：「父親波塞冬，你愛我勝過自己的兒子。你從前曾答應可以滿足我的三個願望，現在我請求你馬上就實現。我只要滿足一個願望：讓我那卑鄙的兒子在今天日落前就毀滅！」

他的詛咒剛說完，希波呂托斯已經打獵回來了。他知道父親回來了，立刻走進宮殿。聽到父親的咒罵，他平靜的回答說：「父親我沒有做過任何壞事。」特修斯不相信，他把後母的信遞給他，並將他驅逐。希波呂托斯呼救保護女神阿耳特彌斯為他的純潔和無辜作證，然後流著淚離開了特洛曾。

就在當天晚上，國王特修斯接到了訊息說，希波呂托斯已經離開了人間。特修斯冷冷的聽著這消息，苦笑著說：「他是怎麼死的？」使者回答說，「是他的車子殺害了他，我們幾個僕人正在河邊刷馬。主人希波呂托斯走過來命令我們立即備馬套車。當一切都準備好以後，他舉起雙手向天祈禱說：『宙斯，如果我是一個壞人，那麼就請你把我除掉！而且，不管我是生是死，都要讓我的父親知道，他斥責我是沒有理由的！』說完，他跳上馬車，抓住轡繩，向亞各斯和埃比道利亞奔去。可是突然，我們聽到一陣嘈雜的聲響，猶如地底下傳來的雷聲隆隆。這時海面上升起一股排山倒海似的波浪，

波濤間出現了一頭巨大的公牛，拉車的馬都被嚇住了。可是希波呂托斯抓住韁繩，毫不慌張，馬兒又奔跑起來。正當馬兒拉動馬車走上平坦大道的時候，水怪跳上前來擋住了去路。馬車終於碰在岩石上，你那不幸的兒子一頭倒栽下來。後來被馬車拖動著在山道的轉彎處消失了，海上的妖怪也不見了。」

特修斯聽完這件事以後，整個人呆呆的站在那裡。這時他忽然聽到一個老婦人的哭喊聲，原來是王后淮德拉的乳母，她深受良心的折磨，不敢再隱瞞，她跪在國王特修斯的腳下，把國王兒子的無辜和王后的歹毒和盤托出。此時的特修斯還沒有反應過來，他的兒子已躺在擔架上被抬進來仍然還有一口氣，特修斯後悔而絕望的撲在奄奄一息的兒子的身上。希波呂托斯的無辜得到證實以後，這才得到了安慰，然後盡力說道：「可憐的父親，我原諒你！」說完，就死了。

後來特修斯把兒子葬在了桃金娘樹下，在這棵樹下，淮德拉曾與愛情反覆掙扎過，她的屍體也埋在了她所喜愛的這個地方。

11
俄狄甫斯的出世

底比斯國王拉布達科斯是卡德摩斯的後裔。他的兒子拉伊俄斯後來繼承王位，娶了底比斯人墨諾扣斯的女兒伊俄卡斯特為妻。拉伊俄斯和伊俄卡斯特結婚後，很長時間內都未曾生育。

他渴求子嗣，於是到特爾斐的阿波羅神廟祈禱，他得到了一則神諭：「拉伊俄斯你會有一個兒子，可是你要知道，命運之神規定，你將死在他的手裡。這是克洛諾斯之子宙斯的意願。因為他聽信了珀羅普斯的詛咒，說你搶去了他的兒子。」

拉伊俄斯知道自己在年輕的時候犯了一個錯誤，當時他被趕出故國，後在伯羅奔尼撒長大，住在國王珀羅普斯的宮殿裡，受到賓客的禮遇。可是，他恩將仇報，

在尼密河的賽會中拐走了珀羅普斯的兒子克律西波斯。克律西波斯是珀羅普斯和女神阿刻西俄刻的私生子。他長得漂亮，但命運不幸。後來他的父親發動了一場戰爭，把他從拉伊俄斯的手裡救了出來，可是他的異母兄弟阿特柔斯和提厄斯特斯受了母親希波達彌亞的唆使，最後把他殺害了。

拉伊俄斯知道自己的罪孽深重，對這個神諭深信不疑，所以長期以來一直跟妻子分居，以免生育小孩。可是深厚的愛情又使他們不顧神諭的警告，常常同床共寢，結果伊俄卡斯特為丈夫生了一個兒子。

孩子出世的時候，父母親害怕預言的實現，三天後就派人用釘子將嬰兒雙腳刺穿，並用繩子捆起來，放在喀泰戎的荒山下。

但執行這一殘酷命令的牧人可憐這個無辜的嬰兒，把他交給另一個，在同一山坡上為科任托斯國王波呂玻斯牧羊的牧人。牧人回去後向國王和他的妻子伊俄卡斯特謊稱已執行了命令。夫婦兩人相信孩子已經死掉，因此認為神諭不會實現。他們以此安慰自己，依然平靜的過著日子。

國王波呂玻斯的牧人解開孩子上腳上的繩索，因為不知道他的來歷，因此給孩子起名為俄狄甫斯，意為腫

疼的腳。他想起他們的國王一直沒有孩子，很想有一個兒子，於是就把孩子帶到科任托斯，交給國王波呂玻斯。國王看到這可憐的棄嬰，就把孩子交給妻子墨洛柏。墨洛柏非常高興，先替他治療腳跟上的傷腫，科任托斯國王和王后對小孩疼愛有加，特別是墨洛柏待他如親生兒子。

俄狄甫斯漸漸長大，他相信自己是國王波呂玻斯的兒子和繼承人，而國王除了他以外也沒有別的孩子。

但始終是紙裡包不住火的，一件偶然的事使得他從信心的頂峰上跌到了絕望的深淵。有一個科任托斯人一直妒忌他的特殊地位。在一次宴會上，他因喝醉了酒，大聲叫著俄狄甫斯，說他不是國王的親生子。俄狄甫斯深受刺激。

第二天清晨，他來到父母面前，向他們詢問這件事。波呂玻斯和他的妻子對搬弄是非的人很生氣，並用話設法排解兒子的疑慮。

俄狄甫斯聽出他們的話中充滿愛心，父母一再強調並無此事，才打消了隱藏在他內的一團疑惑，逐漸安心下來。不過他雖然感動，積在心頭的疑慮，卻隨著時間愈積愈深。

坐立不安的俄狄甫斯終於下決心，他悄悄的來到特

爾斐神廟，祈求神諭，希望太陽神證明他所聽到的話完全是誹謗。可是福玻斯‧阿波羅並沒有給他答覆，相反，給了他一個新的更為可怕的不幸的預言：「你將會殺害你的父親，你將娶你的生母為妻，並生下可惡的子孫。」俄狄甫斯聽了，無比驚恐，因為他始終認為慈祥的波呂玻斯和墨洛柏是自己的生身父母。他再也不敢回家去，害怕命運之神會指使他殺害父親波呂玻斯。

另外，他擔心神祇一旦讓他喪失理智，他會邪惡的娶母親墨洛柏為妻。這是多麼可怕啊！他決定離開科任托斯王國到俾俄喜阿去。

12

俄狄甫斯殺父娶母

俄狄甫斯認為波呂玻斯和墨洛柏是自己的生身父母，他害怕『殺害父親，娶母為妻』的神諭真的實現，於是就離開他的養父母，駕著戰車，進入深山去。他毫無目的只是想遠遠的離開科任托斯，逃到一個看不見這個令人傷心的地方。

當他駕車走到特爾斐和道里阿城之間的十字路口時，一輛馬車迎面朝他駛來，車上坐著一個陌生的老人，一個使者，一個車伕和兩個僕人。

兩輛車正好在狹窄的山路上相遇，那輛車的車伕看到對面來了一個人，便粗暴地叫他讓路。俄狄甫斯是王子身分，而且生性急躁，見這個車伕如此沒有禮貌，於是俄狄甫斯揮手朝無禮的車伕打了一拳。車上的老人見

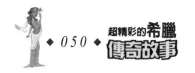
他如此蠻橫，便舉起鞭子狠狠打在他的頭上。俄狄甫斯怒不可遏，他用力揮起身邊的行杖朝老人打去，把老人打得翻下了馬車。於是發生了一場格鬥，俄狄甫斯不得不抵擋三個人，但年輕氣盛的他，沒一會工夫就把這幾個人打死在地。

他以為自己報復了那個卑鄙的俾俄喜阿人，因為那個人仗著人多勢眾企圖傷害他。但命運之神卻故意捉弄他，因為被俄狄甫斯打死的老人正是底比斯國王拉伊俄斯，即他的生身父親。就這樣，父親和兒子都在小心迴避的神諭，還是悲慘的應驗了。

俄狄甫斯殺父後繼續往前走不久就來到了底比斯城，他看到城外有很多難民，打聽一下才知道，原來城外出現了一個帶翼的怪物斯芬克斯。她有美女的頭，獅子的身子。她是巨人堤豐和蛇怪厄喀德娜所生的女兒之一。

厄喀德娜生了許多怪物，如地獄三頭狗刻耳柏洛斯，勒耳那九頭蛇許德拉，口中噴火的喀邁拉。斯芬克斯盤坐在一塊巨石上，對底比斯的居民提出各式各樣的謎語，猜不中謎語的人就被她撕碎吃掉。這怪物正好出現在全城都在哀悼國王被不知姓名的路人殺害的時候。現在執政的是王后伊俄卡斯特的兄弟克瑞翁。

　　斯芬克斯危害嚴重，連國王克瑞翁的兒子也給吞食了，因為他經過時未能猜中謎底。克瑞翁迫於無奈，只好公開張貼告示，宣佈誰能除掉城外的怪物，就可以獲得王位，並可娶他的姐姐伊俄卡斯特為妻。

　　俄狄甫斯帶著行杖來到底比斯。危險和獎勵都在向他挑戰，於是他爬上山巖，見到斯芬克斯盤坐在上面，便自願解答謎語。斯芬克斯十分狡猾，她決定給他出一個她認為十分難猜的謎語。

　　她說：「早晨四條腿走路，中午兩條腿走路，晚上三條腿走路。在一切生物中，這是唯一用不同數目的腿走路的生物。用腿最多的時候，正是力量和速度最小的時候。」

　　俄狄甫斯聽到這謎語，不禁微微一笑，覺得很容易。「這是人啊，」他回答說，「人在幼年，即生命的早晨，是個軟弱無力的孩子，他用兩條腿和兩隻手在地上爬行；他到了壯年，正是生命的中午，當然只用兩條腿走路；但到了老年，已是生命的遲暮，只好拄著枴杖，好像三條腿走路。」他猜中了，斯芬克斯羞愧難當，絕望的從山巖上跳下去，摔死了。

　　俄狄甫斯既然除了底比斯城的災難，底比斯朝野上下感激不盡，除了大擺宴席慶功之外，克瑞翁也兌現了

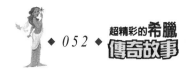
他的諾言,把王國給了俄狄甫斯,並把伊俄卡斯特,國
王的遺孀,許配給他為妻。俄狄甫斯當然不知道她是自
己的生母,命運往往就這樣捉弄人。婚後,他和伊俄卡
斯特雖然年齡相差懸殊,但卻相敬如賓。

　　後來,伊俄卡斯特給俄狄甫斯生下四個兒女,起先
是雙生子,厄特俄克勒斯和波呂尼刻斯;後來是兩個女
兒,大的叫安提戈涅,小的叫伊斯墨涅。這四個既是俄
狄甫斯的子女,也是他的弟妹。

　　俄狄甫斯殺父娶母,這一可怕的祕密多少年後仍未
被揭露。他雖然有罪過,但還是個善良而正直的國王。
俄狄甫斯勤政愛民,在伊俄卡斯特的輔佐下,他治理底
比斯,深得民眾的愛戴和尊敬,是底比斯城開國以來的
第一位賢君。

13 俄狄甫斯的罪孽

俄狄甫斯當上底比斯城的國王後，沒過多久城裡發生了一場可怕的瘟疫，而且很快在全國各地蔓延開來。任何藥物都失去了作用。這場瘟疫使得全國上下死了不少人和牲畜。而且不久國內又發生旱災，不但五穀不收，連草木都枯死，所有生物都在飢渴和疾病中，半死不活。

底比斯人認為，這場可怕的災難是神祇對他們的懲罰。他們自動集中到宮門前，要求庇護，因為他們相信國王是神祇的寵兒，一定會有辦法的。祭司們手拿橄欖枝條，領著大隊的男女老少，擁到王宮前。他們坐在神壇周圍和台階上，要求國王接見。

俄狄甫斯實在沒辦法就派克瑞翁到特爾斐去尋找阿

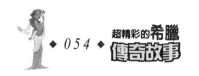

波羅的神諭，問問怎樣做才能解救這座城市。於是克瑞翁當著男女老少的面向國王報告神諭的內容。但這神諭並不能使人感到安慰。

他說：「神祇吩咐，把藏在國內的一個罪孽之徒驅逐出去。否則，你們永遠擺脫不了苦難的懲罰，因為殺害國王拉伊俄斯的血債使整個城市陷於毀滅。」俄狄甫斯根本想不到是自己殺害了國王，他要求把殺害國王的事講給他聽。聽完後，他宣佈，一定要親自處理這樁殺人案，然後遣散了集合起來的居民。

於是俄狄甫斯當即在全國發佈命令，搜捕殺害拉伊俄斯的兇手。如果知情不報，或者窩藏同夥，以後一律不得參加祭祀神靈的儀式，不得享受聖餐，不得跟國人有任何來往。最後，他發誓，要詛咒殺人兇手，使他一生痛苦和不幸，即使他隱藏在王宮裡，也不能逃脫重責。另外，他又派出兩位使者去邀請盲人預言家提瑞西阿斯。他預測隱祕事的能力簡直不亞於阿波羅本人。

提瑞西阿斯幾次拒絕國王的邀請，最後俄狄甫斯命人強行把他帶來。國王請提瑞西阿斯運用他神異的能力，幫助找出殺害國王的兇手。但提瑞西阿斯發出一聲悲歎，朝國王伸出雙手，推辭說：「這種能力是可怕的，它將給那個知情人帶來殺身之禍！國王喲，讓我回

去吧！你承受你的重擔，讓我也承受我的重擔吧！」

俄狄甫斯聽了這話，更要他顯出本領，而圍著他的居民們也紛紛跪在他的面前，可是他仍然不肯回答。俄狄甫斯大怒，指責他知情不報，甚至說他是幫兇。國王的指責逼得他不得不說出了真相。他說：「國王你說出了對自己的判決。你用不著指責我，也別指責居民中的任何人。是你自己的罪惡使整個城市遭殃！你就是殺害國王的兇手，又是你跟自己的母親在罪惡的婚姻中一起生活。」

俄狄甫斯聽了這話以後非常生氣，他指責這個預言家是騙子和惡棍，把他攆出了皇宮。同時他又懷疑克瑞翁，責備他和預言家合謀設此謊言，妄圖篡位。

現在，提瑞西阿斯毫不含糊的稱他為殺父的劊子手和娶母為妻的人，預言他將面臨災難。克瑞翁也激烈的指責俄狄甫斯譭謗他，兩人激烈的爭吵起來。伊俄卡斯特竭力勸解，也無法使他們平靜下來。結果克瑞翁懷著委屈，憤憤的離開了俄狄甫斯。

伊俄卡斯特更不明白事情的真相。「這個預言家說的事是多麼荒唐啊！就拿這件事來說吧，我的前夫拉伊俄斯得到過一則神諭，說他將會死在自己兒子的手裡。但事實怎樣呢？拉伊俄斯被強盜打死在十字路口。而我

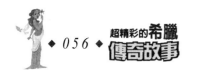

們唯一的兒子在出生後就被綁住雙腳，扔在荒山上，可惜他出世還沒有三天就死了。」

俄狄甫斯聽了以後突然想起一件事，「在十字路口？」他惶恐地問，「拉伊俄斯死在十字路口？告訴我，他是什麼模樣，他有多大歲數？」伊俄卡斯特並沒有明白丈夫為什麼激動，她不假思索地說：「他個子高大，頭髮灰白。模樣，跟你非常像。」俄狄甫斯聽了後，感到有說不出的驚恐，他心中模糊的問題一下明朗了，就像被閃電照亮似的。

最後他聽說當時有一個僕人逃了回來，報告國王被殺害的消息。這個僕人在看到俄狄甫斯登上王位時，懇求離開城市，到最遠的牧場上去為國王放牧。俄狄甫斯想親自盤問他，便派人把他召回來。

僕人還沒有到達，科任托斯的使者卻到了宮殿，向俄狄甫斯報告，說他父親波呂玻斯去世了，要他回去繼承王位。但是俄狄甫斯雖然願意相信波呂玻斯是他的父親，可是又不能不相信神諭是靈驗的，因此不願回到科任托斯去，因為那裡還有母親墨洛柏，而神諭的另一半內容，說他將會娶母親為妻。他不能不考慮這一點。

但這種疑慮，被科任托斯來的使者打消了，因為他正是多年以前從拉伊俄斯的僕人手中接過孩子的另一位

牧人。他對俄狄甫斯說,他雖然繼承王位,可他只是科任托斯國王波呂玻斯的養子。俄狄甫斯又追問把嬰兒送給他的那位牧人在哪裡。手下人告訴他,那個人就是在國王被害時逃出來的僕人,現在邊境放牧。那個牧人從遙遠的地方被召回來後,說出了真相:俄狄甫斯是國王拉伊俄斯和王后伊俄卡斯特的兒子。可怕的神諭已經應驗:他殺死了父親,並娶母親為妻。一切都已清楚了。

　　事實終於真相大白了,俄狄甫斯走到市民面前承認自己是殺父的兇手,是娶母為妻的丈夫,是神祇詛咒的惡徒,是大地的妖孽。最後他把王位交給克瑞翁,讓他代替自己的兩位年幼的兒子執掌王權。他自己被放逐出國,因為他以雙重罪孽玷污了這塊土地。

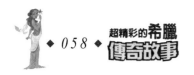

俄狄甫斯與特修斯

底比斯國王俄狄甫斯知道自己犯了殺父娶母的罪惡以後，頓時覺得自己雖然有兩隻眼睛，卻連這樣駭人聽聞的事情也看不出來，實在慚愧，便一手把自己的眼珠挖出來為了補償自己的罪孽，他放棄王位，過著流浪異鄉的悲慘生活。

俄狄甫斯聽從神諭來到希臘。在希臘到處流浪，乞討度日。他生活節儉，需求極微，但感到心滿意足，因為他的長期放逐，他的苦難生活和高貴精神已教會他知足常樂。

經過漫長的流亡後，一天晚上俄狄甫斯來到一個美麗的村莊。前面不遠處，一座城市的城堡高高聳起。俄狄甫斯感到疲倦，便坐在一塊石頭上休息。一個村民走

過來，叫他離開這塊聖地，告訴他這裡是任何人的足跡都不能玷污的。直到這時，他才知道已經到了庫洛諾斯。

這裡是歐墨尼得斯的聖林，這是雅典人尊敬復仇女神的稱號。俄狄甫斯知道，他已經到達流亡的終點，他困厄的命運將得到解脫。

庫洛諾斯人見了他的風采吃了一驚，不敢再把這位坐在石頭上的外地人趕走，只想趕快去向國王報告。俄狄甫斯問道：「你們的國王是誰？」村民回答說：「你聽說過強大而又高貴的英雄特修斯嗎？他的聲名傳遍了世界。」

「如果你們的國王真的如此高貴，」俄狄甫斯回答說，「那麼請告訴他，讓他到這兒來一趟。我以最大的報酬回報他的這一點好意。」

村民既同情又嘲弄的問了一句：「一位雙目失明的人能給我們國王什麼報酬呢？」俄狄甫斯站起來，然後伏在地上，虔誠的祈求復仇女神。

「威嚴而又仁慈的女神，」他說，「請實現阿波羅的神諭吧！請告訴我終生的前途吧！黑夜的女兒喲，請可憐我吧！尊敬的雅典城喲，請可憐俄狄甫斯的影子吧！雖然他還在你們面前，但他的肉體已經不復存在了！」

　　沒多大一會工夫,一位神態高貴的瞎子坐在復仇女神的聖林裡的消息傳開了,村裡的老人吃了一驚,立即圍聚過來,想制止他們褻瀆聖地。這時村中的長老們才知道站在面前的就是俄狄甫斯,他曾經犯下不可饒恕的罪行。如果不是他們的國王特修斯及時趕到,誰知道他們將會如何處置他的褻瀆行為呢?

　　特修斯懷著尊敬而又友好的心情走近這異國的盲人,對他說:「可憐的俄狄甫斯,我知道你的厄運。你戳瞎的眼睛已告訴我,你是什麼人。你的不幸使我感動。說吧,你向這個城市以及我個人有什麼要求?」

　　俄狄甫斯說:「我的請求實際上是一件禮物,我把自己疲倦的身體送給你。這是一件微不足道,卻又十分寶貴的禮物。請你把我埋葬掉,你將會得到豐裕的酬報。」

　　特修斯驚訝地說:「你所要求的恩寵是很輕微的,你可以要求一些更好更高的吧,你會得到滿足的。」

　　俄狄甫斯繼續說:「這份禮物不如你想像的那麼輕微,為了我這老朽的軀體,你必定會捲入一場戰爭中。」於是,他講了自己被放逐的原因,以及那些自私自利的親屬要逼他回去,然後,他懇請特修斯給他幫助。

　　特修斯仔細地聽他敘述,然後嚴肅地回答說:「我

的王國向任何朋友敞開大門，何況你是神祇之手把你送到我這裡來的。」他要俄狄甫斯跟他一起回雅典，可是俄狄甫斯選擇了留在庫洛諾斯，因為命運決定他應該在這裡戰勝敵人，並且結束自己的生命。

雅典國王特修斯答應給他提供保護，說完，就回城去了。

不久，國王克瑞翁帶著武裝的隨從從底比斯侵入庫洛諾斯。他對村民們說：「我的部隊來到阿提喀地區你們請別驚訝，也別發怒。我不會大膽的向希臘最強大的城市挑戰。我只是市民們派來說服這個人，讓他跟我一起回底比斯去。」說完他又轉過身子，看著俄狄甫斯。

克瑞翁想用武力劫走瞎眼的國王，可是庫洛諾斯的村民卻不讓他們把他劫走。他正要正想動手搶俄狄甫斯，這時特修斯聽說武裝的底比斯人侵入庫洛諾斯的消息，立即趕來。最後在特修斯的威嚴下，克瑞翁被迫帶著僕人悻悻的離開了庫洛諾斯。

可憐的俄狄甫斯仍然不得安寧。一天，特修斯給他帶來消息說，俄狄甫斯的一個親人來到庫洛諾斯。他不是從底比斯來的，但現在他正在波塞冬神廟的聖壇前祈求保護。來的人是他的兒子波呂尼刻斯，俄狄甫斯再次請求特修斯保護他，因為他擔心兒子會用武力劫持他，

作了準備後他才召見波呂尼刻斯，波呂尼刻斯要求父親和他回去共同對付自己的弟弟。可是俄狄甫斯最終抵擋住了親人的種種誘惑，詛咒他們必將遭到神祇的報復，而他的命數也將終止了。

一天，天空中響起了陣陣雷聲。老人聽到這來自天上的聲音，要求會見特修斯。這時，整個大地都籠罩在黑暗之中。這瞎眼的國王擔心自己不能再活著見到特修斯了，他有許多話要跟特修斯講，他要感謝他善意的保護。

特修斯終於來了。俄狄甫斯衷心的為雅典城祝福。然後，他又要求特修斯服從神的召喚，陪他到他可以死的地方去，他死時不容任何人的手指碰到他。他死後，特修斯不能把這地方告訴任何人，不能說出他的墓地在什麼地方，這樣可以防護雅典，抵禦敵人。

特修斯陪他走到復仇女神聖林深處的時候，此時大地開裂，開裂的洞口有一道銅門檻，有許多彎彎曲曲的小道，通到那裡。俄狄甫斯不讓同去的人走近洞口。他在一棵蛀空的樹前停下來，坐在一塊岩石上，解下束住乞丐衣服的腰帶。

他要了一些潔淨的泉水，洗去了因長期流亡積在身上的污垢，並穿上整潔的衣服。他精神煥發的站在那

裡，這時地下傳來隆隆的雷聲。大家不知道這響聲是來自天空，還是來自地獄。

「俄狄甫斯，你還猶豫什麼？你怎麼還在耽擱？」盲人國王吩咐所有的人都轉過身去，並且回去，只有特修斯可以跟他一起走到銅門檻那兒。突然奇蹟出現了，俄狄甫斯已經無影無蹤。天空中既無閃電，又無雷聲，連一絲風也沒有。周圍出奇的安靜，特修斯獨自一人站在那裡，用手掩住眼睛，好像這神奇的情景使他睜不開眼似的。最後他做完祈禱回到了雅典。

阿德拉斯托斯的女婿 波呂尼刻斯和堤丟斯

亞各斯國王阿德拉斯托斯是塔拉俄斯的兒子，他一共生了五個孩子，其中有兩個漂亮的女兒，即阿爾琪珂和德伊波勒。

她們兩個出生時，有個預言家對她們的父親說：她們的父親將會把一個嫁給獅子，把另一個嫁給野豬。國王想來想去，弄不懂這句話的意思。

等女兒長大後，他想儘快把她們嫁出去，使這個可怕的預言無法實現，但總因為種種原因一直沒有成功。

到兩個姐妹都不抱希望時，有一天，兩個逃難的人從不同的方向同時到達亞各斯的宮門前。一個是底比斯的波呂尼刻斯，他被兄弟逐出故國。另一個是俄紐斯和

珀里玻亞的兒子堤丟斯，他在圍獵時不在意殺害了一個親戚，於是從卡呂冬逃了出來。兩個人在宮門口相遇時，因夜色朦朧，分辨不清，各自把對方當作敵人，互相打了起來。

阿德拉斯托斯聽到門外廝殺的聲音，便拿著火把出來，分開了兩人。等他看到兩位格鬥的英雄站在他的兩邊時，不禁吃了一驚，彷彿看到了野獸似的。

他看到波呂尼刻斯的盾牌上畫著獅子頭，看到堤丟斯的盾牌上畫著一隻野豬。阿德拉斯托斯頓時明白了神諭的含意，他把兩個流亡的英雄招為女婿。波呂尼刻斯娶了大女兒阿爾琪珂，小女兒德伊波勒嫁給堤丟斯。國王還莊重的答應幫助他們復國重登王位。

國王決定首先遠征底比斯，幫助波呂尼刻斯奪回王位。阿德拉斯托斯召集了各方英雄，連他自己在內一共七位王子，率領七支軍隊。這七個王子是阿德拉斯托斯，波呂尼刻斯，堤丟斯，國王的姻兄安菲阿拉俄斯，國王的侄兒卡帕紐斯，以及國王的兩個兄弟希波邁冬和帕耳特諾派俄斯。

安菲阿拉俄斯從前曾是國王阿德拉斯托斯的仇敵，他有未卜先知的本領。他預知這場征戰必然失敗，他反覆勸說國王阿德拉斯托斯和其他的英雄們放棄這場戰

爭。可是他的種種努力沒有成功，他只得找一個地方躲了起來，那個地方只有他的妻子厄里菲勒，即國王阿德拉斯托斯的姐姐知道。

他們到處尋找，可是找不到他。阿德拉斯托斯卻又少不了他，因為國王把安菲阿拉俄斯看做是整個軍隊的眼睛，沒有他是不敢遠征的。

波呂尼刻斯從底比斯逃出來時，隨身帶了一條項鍊和一方面巾。這是兩件寶物，是女神阿佛洛狄特送給哈耳摩尼亞與卡德摩斯的結婚禮物，但是戴上這兩件東西的人都會招來災禍。

它們已經使得哈耳摩尼亞、酒神巴克科斯的母親塞墨勒以及伊俄卡斯特都死於非命。最後，它們又轉落在波呂尼刻斯的妻子阿爾琪珂手上。現在波呂尼刻斯試圖用項鍊賄賂厄里菲勒，要她說出她藏匿丈夫的地方。

厄里菲勒早就垂涎外地人送給侄女的這條項鍊。當她看到項鍊上用金鍊穿起來的閃閃發光的寶石時，實在抵抗不了這種巨大的誘惑，終於她把波呂尼刻斯帶到安菲阿拉俄斯的祕密藏身處。

安菲阿拉俄斯實在不想參加這場遠征，但他不能再拒絕，因為他娶阿德拉斯托斯的姐姐為妻時，曾答應遇到有爭議的問題時，一切由妻子厄里菲勒做主。現在妻

子帶人找到他，他只得佩上武器，召集武士。

他在出發前把兒子阿爾克邁翁叫到跟前，莊重的叮囑他，如果他聽到父親的死訊，一定要向不忠誠的母親報仇。

終於，以國王阿德拉斯托斯為首的七英雄組成的軍隊，浩浩蕩蕩地出發了。

遠征途中的事故

　　阿德拉斯托斯為了幫女婿波呂尼刻斯奪回王位而組建了一支強大的軍隊，由七位王子率領，分成七隊，浩浩蕩蕩的向底比斯進軍。

　　七位英雄率領著各自的軍隊，他們充滿了信心和希望，離開了亞各斯。可是在途中他們遇上了一個災難。他們到達尼密阿的森林時，那裡的河流、小溪和湖泊都已乾涸。

　　他們因為長途跋涉，又飽受炎熱之苦，乾渴難忍，盔甲、盾牌都成了沉重的累贅。他們走路揚起的塵土紛紛落在他們焦枯的嘴唇上，連馬匹也渴得在嘴邊泛出了層層涎沫。

　　阿德拉斯托斯帶了幾個武士在森林裡到處尋找水

源，可惜枉費心機。在尋找水源的時候，他們遇到一位絕頂漂亮，卻又十分可憐的女人。她抱著一個男孩，身上的衣衫襤褸，頭髮飄散。她坐在樹蔭下，氣質高雅，好像女王一樣。

阿德拉斯托斯吃了一驚，他以為遇到了森林女神，連忙向她跪下，請求神祇指點迷津，讓他逃離苦難。可是女人低垂著眼簾，回答說：「外地人，我不是女神。如果你看出我的外貌有什麼非凡之處，那是因為我一生忍受的苦難比世間任何凡人都多。我叫許珀茵柏勒，以前是雷姆諾斯島上亞馬遜人的女王，父親是威武的托阿斯。後來我被海盜劫持拐賣，成了尼密阿國王來喀古土的奴隸。這個男孩不是我的兒子。他叫俄菲爾特斯，是我的主人之子，我是他的保姆。我很願意幫你們找到你們所需要的東西。在這片乾旱荒涼的地方，只有一處水源。除了我以外，誰也不知道這個地方。那裡有豐富的泉水，足夠你們全軍人馬解渴！」

婦人站起來，把孩子放在草地上，哼了一支搖籃曲，把孩子哄睡了。就向著森林深處走去，英雄們招呼全軍人馬跟著許珀茵柏勒走。他們穿過茂密的森林，不一會來到一處怪石嶙峋的峽谷，這時，泉水傾瀉在岩石上的聲音清晰可聞。

「有水了！」山谷間迴盪起歡樂的呼喊聲。「有水了！有水了！」全軍將士歡呼雀躍，都撲在溪水邊，張開乾枯冒煙的嘴巴，大口大口的喝著甜美的泉水。後來，他們又趕著車，牽著馬，穿過樹林，乾脆連車帶馬一直走到水裡，讓馬浸在水中沖涼。現在全軍人馬從乾渴中解脫出來，又恢復了精神。

大家喝足水後，許珀茵柏勒帶領阿德拉斯托斯和他的隨從們回到大路上。可是，還沒有到原先那塊地方，她憑著母性的本能，敏銳的聽到遠處傳來孩子可憐的哭聲。一種可怕的預感攫住她的心，她飛快的往前奔去。可是，趕到放孩子的地方，孩子卻不見了。

許珀茵柏勒朝四周看了一眼，頓時明白了，前面不遠的地方有一條大蛇盤繞在樹上，蛇頭擱在鼓鼓的肚子上。草地上還有被血染紅的痕跡。許珀茵柏勒悲痛的驚叫起來。

英雄們急忙趕了過來。第一個看到惡蛇的是英雄希波邁冬，他馬上搬起一塊大石頭朝蛇擲去，可是石頭扔在有鱗甲的蛇身上被彈回來，碎得像泥土一樣。他又把長矛投去，正好擊中大蛇張開的嘴裡，矛尖一直從蛇頭上冒了出來。蛇痛得把身子陀螺似的在矛桿上纏繞，最後終於吱吱的叫著斷了氣。

　　大蛇被打死後，可憐的許珀茵柏勒才鼓起勇氣追尋孩子的蹤跡。她看到一副悲慘的景象。草地被孩子的鮮血染紅了，地上是零亂的孩子的屍骨。

　　許珀茵柏勒絕望的跪下，拾起那些屍骨，交給站在一旁的英雄們。英雄們隆重的埋葬了為他們喪命的孩子。為了紀念他，他們舉行了神聖的尼密阿賽會，並崇拜他為半人的神祇，稱他為阿爾席莫洛斯，意即早熟的人。

　　歐律狄刻知道自己的孩子死了，痛不欲生，她把許珀茵柏勒關入監獄，並要殘酷的處死她。幸好許珀茵柏勒的兒子們已經出來尋找她，不久救出了他們的母親。

　　整個事件中，好像都向著英雄們所想的方向進展，大家都認為這是出征的好兆頭，只有一個人例外，就是預言家安菲阿拉俄斯。

七英雄圍困底比斯和墨諾扣斯

七英雄在遠征途中因為乾旱渴的即將退縮的時候，碰到了給歐律狄刻看孩子的許珀茵柏勒。在許珀茵柏勒的幫助下大家找到了水源，但因為幫大家找水源，孩子被大蛇吃掉，許珀茵柏勒入了監獄，後來被英雄們救出。

大家都沉浸在快樂中時，「這也許是這場遠征結局的一種預兆吧！」預言家安菲阿拉俄斯神色陰鬱的說。可是其他人不以為然，卻認為打死毒蛇這是一種勝利的前兆，因此都很高興，他們甚至還嘲笑預言的失靈。

安菲阿拉俄斯心情沉重，卻毫無辦法。全軍人馬從乾渴中恢復過來，日夜兼程，幾天後就來到底比斯城

下。大家迅速的把底比斯城緊緊的包圍起來。

城裡也在緊張的備戰。把波呂尼刻斯趕出國家的兄弟厄特俄克勒斯和他的舅父克瑞翁準備長期防守。

波呂尼刻斯的妹妹安提戈涅站在宮殿城牆的最高處，旁邊站著一位老人，是從前她祖父拉伊俄斯的衛士。父親去世後，安提戈涅思念家鄉，因此謝絕了雅典國王特修斯的庇護，帶著伊斯墨涅回到了往昔父親統治的城市。克瑞翁和她的兄長厄特俄克勒斯張開雙臂歡迎他們，因為他們把安提戈涅當作一個自投羅網的人質，一個受到歡迎的仲裁人。

她看到城外的田地上，沿著伊斯墨諾斯河岸，步兵和騎兵吶喊著擁到城門口，把一座城池像鐵桶一般圍困得嚴嚴密密。安提戈涅不禁倒吸一口冷氣。老人卻在一旁安慰她說：「我們的城池高大厚實，櫟木城門都配有大鐵栓，城池堅固，並由勇敢的士兵堅守，所以用不著擔心。」然後，他又把前來圍城的各路英雄的情況向她作了介紹和敘述。

聽完後，安提戈涅嚇得臉色慘白。她轉過身子，不敢往下看了。老人用手攙扶著她，一步一步的走下樓梯，送她回內室。

克瑞翁和厄特俄克勒斯在商量作戰計劃。他們決定

派七個首領把守底比斯的七座城門。可是在開戰之前，他們也想從鳥兒飛翔看一看預兆，推測戰爭的結局。底比斯城內住著在俄狄甫斯時代就十分有名的預言家提瑞西阿斯。雅典娜曾經在他小時候弄瞎了他的眼睛，於是讓他有了更加靈敏的聽覺。從那時起起，他成了鳥兒占卜者。

提瑞西阿斯年事已高。克瑞翁派他的小兒子墨諾扣斯去接他，把他領到宮中。老人在女兒曼托和墨諾扣斯的攙扶下，顫巍巍的來到克瑞翁面前。

國王要他說出飛鳥對底比斯城命運的預兆。提瑞西阿斯沉默良久，終於悲傷的說：「俄狄甫斯的兒子對父親犯下了沉重的罪孽，他們給底比斯帶來巨大的災難；亞各斯人和卡德摩斯的子孫將會自相殘殺；兄弟死於兄弟之手；為了挽救城市，只有一個辦法，這個辦法也是可怕的，我不敢告訴你們，再見！」

說完，他轉身要走。可是克瑞翁再三央求他，他才留下來。在克瑞翁的再三要求下，他終於說出了拯救底比斯的辦法：「就是讓墨諾扣斯死在狄爾刻泉水邊上。」

「天哪！」克瑞翁叫起來，「你的話究竟是什麼意思？」

「卡德摩斯後裔中最小的一個必須獻出生命，整個

城市才能獲得拯救。」

直到這時，克瑞翁才知道事情的嚴重性，他跪倒在提瑞西阿斯的面前，抱住他的雙膝，請求他收回自己的預言，但這盲人絲毫不為所動。「這犧牲是不可避免的，」他說，「狄爾刻泉水那裡曾是毒龍棲息的地方，那兒必須流著這孩子的血，這樣，大地才能成為你的朋友。大地以前曾用龍齒把人血注射給卡德摩斯。現在，大地必須接受卡德摩斯親屬的血。小孩為他的城市做出犧牲，他將成為全城的救星。你自己選擇吧，克瑞翁，現在只有這兩條路。」

提瑞西阿斯說完，又讓他的女兒牽著手離開了。克瑞翁久久地沉默著。最後，他終於驚恐的喊叫起來：「我多麼願意親自去為我的祖國去死啊！可是你，我的孩子，我怎能讓你犧牲呢？逃走吧，我的孩子，逃得越遠越好！」「好的，」墨諾扣斯說，眼中閃著光芒，「我一定不會迷路的。」

克瑞翁這才放心，又去指揮作戰了。男孩卻突然跪在地上，虔誠的向著神祇禱告：「原諒我吧，你們在天的聖潔之靈，我用謊話安慰了我的父親。假如我真的背叛了祖國，那我是多麼卑鄙和怯懦啊！神祇啊，請仁慈地收下我的一片真心！我願意用死來拯救我的祖國！我

願從城頭上跳進幽深的龍穴。我要用我的血解脫祖國的
災難。」

　　說完，男孩高興地跳了起來，朝宮牆走去。他站在
城牆的最高處，看了一眼對方的陣營，並莊嚴的詛咒他
們，希望他們儘快滅亡。然後他抽出一把短劍，割斷喉
嚨，從城頭上栽倒下去，正好跌在狄爾刻泉水邊上，跌
得粉身碎骨。他平靜的躺在狄爾刻泉水的旁邊。

　　為了底比斯，為了自己的父親，這個孩子抱著美好
的願望倒在了狄爾刻泉水邊上。

18

攻打底比斯

底比斯城外，七英雄的軍隊把底比斯城圍得像鐵桶一樣密不透風，同樣城內也是防守嚴密。但是他們從來沒有正面交鋒過，直到這一刻，雙方都沒有足夠的能量在耗下去了。七英雄的軍隊想念家鄉，而底比斯城內的餘糧不多了。終於，到了兩軍對仗的時刻了。

克瑞翁的兒子墨諾扣斯聽見了提瑞西阿斯的預言後，獻出了自己的生命，神諭實現了。克瑞翁竭力忍住了悲傷。厄特俄克勒斯則指揮七位首領鎮守七座城市，使得每一處容易遭受攻擊的地方都有人守衛。

亞各斯人開始進攻了，一場攻防戰開始了。雙方喊聲震天，戰歌嘹亮，號角嘶鳴。女獵手阿塔蘭特的兒子

帕耳特諾派俄斯衝在最前面，率領他的隊伍以盾牌掩護，攻打第一座城門。他的盾牌上畫著他的母親用飛箭征服埃托利亞野豬的圖像。

預言家安菲阿拉俄斯衝到第二座城門下，他在戰車上裝著獻祭的供品，他的盾牌上沒有裝飾，也沒有任何圖案和色彩。希波邁冬攻打第三座城市，他的盾牌上畫著百眼巨人阿耳戈斯看守著被赫拉變成母牛的伊娥的圖像。

堤丟斯率領部隊攻打第四座城門，他在盾牌上畫著一張毛茸茸的獅皮，右手野蠻的揮舞著一支火把。被放逐的國王波呂尼刻斯指揮攻打第五座城門，他的盾牌上畫著憤怒的駿馬，卡帕紐斯帶領士兵來到第六座城門下，他甚至誇耀他可以和戰神阿瑞斯試比高下，他的盾牌上畫著一個舉起城池、將它扛在肩上的巨人。

最後，一座城門，也就是第七座城門，由亞各斯的國王阿德拉斯托斯攻打，他的盾牌上畫著一百條口裡銜著底比斯兒童的巨蛇。

當七支軍隊逼近城門時，他們投石射箭，揮舞長矛，但第一次進攻遭到底比斯人的頑強地抗擊，亞各斯人被迫後退。

堤丟斯和波呂尼刻斯大聲命令：「步兵、騎兵、戰

車一起向城門猛攻啊，為了我們的尊嚴，為了我們的父母，大家把這座城撕成碎片吧！」命令傳遍了整個部隊。亞各斯人重新振作起來，氣勢洶洶的發起進攻，可是又遭到迎頭痛擊，一排排人死在城下，血流成河。

這時，亞加狄亞人帕耳特諾派俄斯像旋風般衝向城門。他大聲呼喊著，要用火和斧頭砸毀並焚燒城門。底比斯人珀里刻律邁諾斯防守著城門，他見對方衝來，命令把鐵製的防護牆拉開，正好容得下一輛戰車進出，然後猛的砸下去，把帕耳特諾派俄斯砸死在城下。

在第四座城門前，堤丟斯暴怒得如同一條游龍。他急速的搖晃著飾以羽毛的頭盔，手上揮舞著盾牌，發出嗖嗖的聲音，另一隻手向城上投擲標槍，他周圍的士兵也把標槍像雨點般朝城上擲去，底比斯人不得不從城牆邊後退。正在這時，厄特俄克勒斯趕到了。他集合了士兵，帶領他們回到城牆邊，然後又逐個巡視城門。他看到氣急敗壞的卡帕紐斯扛來一架雲梯。

卡帕紐斯狂妄吹噓，即使是宙斯的閃電也不能阻止他攻陷城池。他把雲梯靠在牆上，以盾牌作保護，冒著城上飛來的石塊，勇猛的向上攀登。

這時宙斯親自來懲罰這個狂妄之徒。他剛從雲梯上跳到城頭時，宙斯便用炸雷劈他，雷聲震得大地動搖，

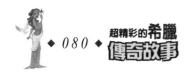

他的四肢飛散，頭髮燃燒，鮮血迸濺。

　　國王阿德拉斯托斯認為，這是宙斯下令反對他們攻城的預兆。他帶領士兵離開戰壕，下令撤退。底比斯人立即乘著戰車或步行從城裡衝出來，他們感謝宙斯降下的福祉。

　　一場混戰後，底比斯人大獲全勝，把敵人驅趕到很遠的地方，然後才退回城內。

兩兄弟對陣

第一次攻打底比斯的戰鬥以底比斯人的大獲全勝而告終。當克瑞翁和厄特俄克勒斯率領隊伍退回城內後，亞各斯的士兵又重新集合，準備再次攻城。

面對強大的敵人，厄特俄克勒斯做出了一個重大的決定，他派出一名使者前往駐紮在城外的亞各斯人的兵營，請求罷兵息戰。

然後，厄特俄克勒斯站在最高的城頭上向雙方的士兵喊話。他大聲說：「遠道而來的亞各斯的士兵們，還有底比斯人，你們雙方犯不著為我和波呂尼刻斯犧牲自己的生命！讓我自己來承受戰鬥的危險，和我的哥哥波呂尼刻斯單獨對陣。如果我把他殺掉，那麼我就留在底

比斯的王位上；如果我敗在他的手下，那麼國王的權杖就歸他所有。你們亞各斯人仍然回到自己的國土上去，不必再在異國流血犧牲了。」

波呂尼刻斯立即從亞各斯人的隊伍裡跳出來，朝著城頭上呼喊，聲明願意接受弟弟的挑戰。雙方士兵歡聲雷動，贊成這個提議。雙方簽訂協議，兩個首領立誓，遵守協議。

在決戰之前，雙方的占卜者都忙碌的向神祇獻祭，從祭祀的火焰中看出戰鬥的結局。他們得到的預兆都很模糊，好像雙方都是勝利者，但又都是失敗者。

波呂尼刻斯轉過頭來，看看遠方的亞各斯國土，舉起雙手祈禱：「赫拉女神，亞各斯的保護神啊，我在你的國土上娶妻，在你的國土上生活。祈求你保佑我取得戰鬥的勝利吧！」

厄特俄克勒斯也回到底比斯城內的雅典娜神廟，祈求說：「啊，宙斯的女兒啊，保佑我舞動的長矛刺中敵人，讓我取得最後的勝利！」

戰鬥的號角吹響了，兄弟倆向前衝出，開始了一場殘酷的血戰。他們的長矛在空中飛舞，向對方猛刺，但被盾牌擋住，發出鏗鏘的聲音。他們又把長矛朝對方猛烈擲去，但仍被堅固的盾牌彈了回來。

一旁觀看的士兵們緊張得汗水直流，看得眼花繚亂。最後，厄特俄克勒斯控制不住自己了，因為他在拼刺時看到路上有塊石頭擋住了他。他用右腳把石頭踢到一邊去，不料卻把腳暴露在盾牌之外。波呂尼刻斯挺起長矛衝過去，用利矛刺中他的脛骨。

亞各斯的士兵們高聲歡呼，以為可以決定勝負了。可是受傷的厄特俄克勒斯忍住疼，尋找進攻的機會。他看到對方的肩膀暴露，便擲出一矛，正好刺中。隨即他退後一步，拾起石頭，用力擲去，把波呂尼刻斯的長矛砸斷。

這時，戰局不分上下，雙方各失去了一件武器。他們又抽出寶劍，揮舞砍殺。盾牌相擊，叮噹作響。尼特俄克勒斯突然改變姿勢，往後退一步，用左腳支撐身子，小心防護身體的下半部，然後用右腳跳上去，一劍刺中波呂尼刻斯的腹部。

波呂尼刻斯遭到這突如其來的一劍，受了重傷，倒在地上，血流如注。厄特俄克勒斯以為取得了勝利，便丟下寶劍，向垂死的哥哥彎下腰去，想摘取他的武器。波呂尼刻斯雖然倒在地上，卻仍然緊握劍柄。他見厄特俄克勒斯彎下腰來，便掙扎著用力一刺，刺穿了弟弟的肝臟。厄特俄克勒斯隨即倒在垂死的哥哥的身旁。

父親俄狄甫斯的詛咒成了現實。

底比斯的七座城門統統打開。女人和僕人們衝了出來，圍著他們國王的屍體放聲大哭。安提戈涅撲倒在哥哥波呂尼刻斯的身上，她要聽聽他的遺言。

厄特俄克勒斯幾乎即刻就死了，他只是發出一聲低沉地歎息便斷了氣。波呂尼刻斯仍在喘息，他朝妹妹轉過臉來，眼睛迷糊的看著妹妹，說：「我該如何悲歎妳的命運，妹妹，也悲歎死去的弟弟的命運！從前我們友愛，後來成為仇敵，直到臨死我才感到我是愛他的！親愛的妹妹，我希望妳把我埋葬在家鄉的土地上，請求憤怒的家鄉人原諒我，至少滿足我的這一遺願。」

說完話，他就死在妹妹的懷裡。這時，人群中傳來爭吵聲。底比斯人認為他們的主人厄特俄克勒斯取得了勝利，而對方卻認為波呂尼刻斯取得了勝利。因為爭論激烈，又要動武。但底比斯人佔了先，亞各斯人四散逃竄，成百上千的士兵死在底比斯人的長矛下。

亞各斯人逃跑時發生了一件怪事。底比斯英雄珀里刻律邁諾斯把預言家安菲阿拉俄斯，一直追到伊斯墨諾斯河岸。這時，河水高漲，馬車不能過河。

底比斯人已經追來，在絕望中，安菲阿拉俄斯只得冒險渡河。可是，馬車還沒下水，追兵已經到了河邊，

長矛幾乎刺到了他的脖子。宙斯不願意讓他的預言家恥
辱的死去，於是降下一道雷電，把土劈開。裂開的大地
張著幽黑的口，把安菲阿拉俄斯和他的戰車全吞沒了。

　　不久，底比斯四周的敵人也被消滅。底比斯人打掃
戰場，帶著死者的盾牌和其他的戰利品，從四面八方擁
來。他們滿載著戰利品凱旋進城。

克瑞翁的決定

兄弟兩人在底比斯城前都已戰死，他們的舅父克瑞翁成了底比斯的國王，他對兩個外甥的喪葬事做出了決定：為厄特俄克勒斯舉行隆重的喪禮，如同國王的葬禮一樣。市民們傾城出動，一直把靈車送到墓地，但是他把波呂尼刻斯暴屍城下，不予安葬。他派人宣佈，對背叛祖國的敵人，市民們不得哀悼他的死，也不得掩埋他的屍體，任憑烏鴉和野獸啄食他的屍體。同時他還曉諭全城市民，必須遵守他的命令。如有人違反命令，一律用亂石將他擊死。

安提戈涅也聽到這一殘酷的命令。她在哥哥臨死前曾答應過他的要求。她心情沉重的來到妹妹伊斯墨涅面前，想要說服她一起運走哥哥的屍體。可是伊斯墨涅膽

小怕事，安提戈涅轉身自己一個人走了。

　　不久，一個看守屍體的人惶恐不安的來到克瑞翁的面前：「我們看守的屍體已被人埋葬了。」他說，「做這事的人已逃掉了，我們沒有抓到。屍體上只覆蓋了一層薄薄的土。剛夠使地府的神祇們認為，這個人已埋葬了。那裡沒有鋤子，也沒有鏟子，連車輪的痕跡也沒留下，真是奇怪啊。」

　　克瑞翁聽到消息後勃然大怒。命令立即扒去屍體上面的泥土，重新設立崗哨，嚴加看守。看守們從上午到中午，坐在火辣辣的太陽下守著。突然，刮起一陣暴風，空中灰塵瀰漫。看守們看到天有異象，十分害怕。他們正在納悶，這時看到一個女子走來。她手中拎著一把大壺，裡面裝滿泥土，悄悄的走近波呂尼刻斯的屍體，舉起大壺，向屍體傾灑了三次泥土。

　　看守們都坐在對面的山坡上監視，他們立即奔了過來，抓住那個女子，不由分說的把她拖去見國王。克瑞翁立即認出那女子是他的外甥女安提戈涅。國王立即命令僕人，把她拖下去關在牢裡。突然，伊斯墨涅衝了進來。她聽到姐姐被抓的消息，好像頓時擺脫了軟弱和害怕。她勇敢的來到殘酷的國王面前，承認自己是同謀，要求跟姐姐一起處死。同時，她又提醒國王，安提戈涅

不僅是他的姐姐的女兒，也是他的兒子海蒙的未婚妻。

克瑞翁沒有回答，只是命令把伊斯墨涅也抓起來，把她們姐妹倆都押到內廷去。

克瑞翁看到他的兒子慌忙朝他奔過來。海蒙顯得十分恭順，在他表明對父親的忠誠後，才大膽的為未婚妻求情。可是不管海蒙怎麼勸說，克瑞翁堅持己見。最後，克瑞翁不耐煩地說：「我決定，把她送到遠方一個人跡罕至的巖洞裡，只給她少許食物，免得殺戮她的血玷污底比斯城。在那裡讓她向地府的神祇求自由吧！」

僕人們立即執行暴君的殘酷的命令。安提戈涅當著底比斯人民的面被帶進墳墓般的石洞裡。她呼喚神祇和親人，希望跟他們永遠生活在一起，然後毫無畏懼地走進石洞。

波呂尼刻斯的屍體漸漸腐爛了，可是仍然沒有掩埋。野狗和鳥類爭相撕食他的屍體。當年曾經進諫過俄狄甫斯的年老的預言家提瑞西阿斯來到克瑞翁面前，向他預告災禍的來臨。他說：「因為你虐待了俄狄甫斯的兒子。國王喲，你不能再固執了！糟蹋死者，這會給你帶來什麼光榮呢？」

像當年俄狄甫斯一樣，克瑞翁也不聽這位預言家的忠告。他罵提瑞西阿斯說謊，企圖騙取錢財。預言家很

憤怒，他當著國王的面，毫無顧忌的揭示了未來的事情。「那你等著瞧吧，還沒等太陽下山，你就會為這具屍體再犧牲兩個親骨肉！你犯了雙重罪過：第一，你不讓死者魂歸地府，第二，你不讓生者留在世上。快些，我的孩子，快，快領我回去！讓這個人去品嚐他的不幸吧！」說著他牽著孩子的手，拄著柺杖，離開了王宮。

國王目送著盛怒的預言家提瑞西阿斯走了出去，突然他感到一陣難以名狀的恐懼。城裡的長老們眾口一詞地說：「從石洞裡釋放安提戈涅，埋葬波呂尼刻斯的屍體！」

他們向地府的神祇作了祈禱，給死者洗了聖浴，火化了他的遺骸，用故鄉的泥土給他立了一個墳墓。後來，他們又去那個關著安提戈涅、並準備讓她在裡面餓死的山洞。一個走在前面的僕人遠遠就聽到了悲痛的哭聲。

國王也隱隱約約聽見了，他聽出那是他兒子的哭聲，馬上吩咐僕人們趕快過去。他們從石縫裡窺視。他們看到在石洞的後面，安提戈涅用面紗纏成繩索，上吊死了。海蒙跪在她面前，抱住她的屍體在哭泣，哀悼他未婚妻的慘死，然後拔出短劍自殺了。

歐律狄刻聽說這些事情以後，悲從中來，她也自殺了。殘酷的暴君克瑞翁因為一意孤行，片刻間家破人亡了。

後輩英雄們

底比斯戰爭過去十年後，底比斯之戰陣亡英雄的兒子們長大了，他們決定再次征討底比斯，為他們死去的父親們報仇。

他們共有八人，稱為厄庇戈諾伊，意即後輩英雄。他們是：安菲阿拉俄斯的兒子阿爾克邁翁和安菲羅科斯，阿德拉斯托斯的兒子埃癸阿勒俄斯，堤丟斯的兒子狄俄墨德斯，帕耳特諾派俄斯的兒子普洛瑪科斯，卡帕紐斯的兒子斯特涅羅斯，波呂尼刻斯的兒子特耳珊特羅斯和墨喀斯透斯的兒子歐律阿羅斯。

墨喀斯透斯本不是七位英雄中的一個，他是國王阿德拉斯托斯的兄弟。年事已高的國王阿德拉斯托斯也參加了這次遠征，但不擔任統帥。八個英雄一起在阿波羅

神廟祈求神諭為他們選一個統帥。神諭告訴他們，合適
的人選是阿爾克邁翁。

阿爾克邁翁不知道在為父親報仇之前，能不能擔任
此職。於是他也祈求神諭，神諭回答說，兩件事可以同
時做。

在這之前他的母親厄里菲勒不僅佔有了那個晦氣的
項鍊，而且還獲得了阿佛洛狄特的第二件倒霉的寶物，
即面紗。那是波呂尼刻斯的兒子特耳珊特羅斯繼承的遺
產，他又用它賄賂厄里菲勒，要她說服兒子參加討伐底
比斯的戰爭。同樣的，曾經出賣了丈夫的貪婪的厄里菲
勒又出賣了兒子。

為服從神諭，阿爾克邁翁出任了統帥，並準備回來
後再為父報仇。他在亞各斯建立了一支強大的軍隊。鄰
近城市裡有許多勇敢的武士也參加進來。一支浩浩蕩蕩
的軍隊向底比斯挺進。像十年前的父輩們一樣，這些兒
子們又圍困了底比斯城，展開激烈的戰鬥。但他們要比
父輩們幸運，阿爾克邁翁在一次決定性的戰鬥中獲勝，
只有國王阿德拉斯托斯的兒子埃癸阿勒俄斯被殺。他死
在底比斯人拉俄達馬斯手下。拉俄達馬斯是厄特俄克勒
斯的兒子，他後來又被厄庇戈諾伊的主帥阿爾克邁翁打
死。

底比斯人喪失了首領和很多士兵，便放棄陣地，退守城內。他們向盲人提瑞西阿斯尋求對策。預言家提瑞西阿斯那時還活著，但已有一百來歲了，他建議大家派使者向亞各斯人求和，同時棄城而逃。

底比斯人採納了他的建議，派了使者前往敵營議和。他們乘談判之機，用大車載著妻兒老小逃離了底比斯城。深夜，他們到了俾俄喜阿的一座城內。盲人提瑞西阿斯也逃了出來，由於喝冷水受寒，不幸去世。這個聰明的預言家到了地府也受到器重，因為他保留了那高超的感覺和占卜的本領。他的女兒曼托沒有和他一起外逃，她留在底比斯城內，落入佔領者的手裡。

佔領者在進城前曾向太陽神阿波羅許願，要把在城內發現的最高貴的戰利品祭獻給他。現在他們一致認為神祇肯定喜歡女預言家曼托，因為她繼承了父親神奇的預言本領。厄庇戈諾伊把曼托帶到特爾斐，把她獻給太陽神，做他的女祭司。在這裡，她的預言術更加完美，智慧更超常。不久，曼托成了當時最有名的女預言家。人們常常看到有個老人和她一起進進出出。她把美麗的歌謠教給老人。不久，這些詩歌傳遍了希臘。這個老人就是著名的邁俄尼亞的歌者荷馬。

阿爾克邁翁和項鍊

阿爾克邁翁從底比斯凱旋後，決定再去實現神諭的第二部分內容，即為他的父親報仇。

當他聽說母親厄里菲勒曾經接受賄賂出賣了他的父親，而現在又出賣他時，他對母親越發仇恨。他認為對她無需憐憫，於是帶著寶劍刺殺了母親。

最後，他帶著項鍊和面紗，離開了父母的故居，那是一個令他厭惡的地方。

雖然神諭要他去為父親報仇，但殺害母親也是違反倫理的罪孽，這件事不能不受到神祇的懲罰。他們派復仇女神來迫害他。他喪失了理智，變得瘋瘋癲癲，流亡到了亞加狄亞，為國王歐伊克琉斯所收留。但在這裡他仍不得安寧，復仇女神驅使他繼續流浪。

　　最後，他逃到亞加狄亞的珀索菲斯，投靠國王菲格烏斯，找到一處安身的地方，並和國王的女兒阿爾茜諾埃結了婚。兩件不祥的禮物項鍊和面紗又到了她的手裡。

　　阿爾克邁翁瘋病好轉，可是災禍還沒有擺脫。岳父的王國因為他的緣故連年遭災，顆粒不收。阿爾克邁翁祈求神諭，得到的回答也不能給他帶來安慰：他必須到殺母時地面上還沒有出現的國家去，這樣才能得到安寧。因為，厄里菲勒在臨死前，曾經詛咒過任何一個收留殺母兇手的國家。

　　阿爾克邁翁絕望的離開了妻子和小兒子克呂堤俄斯，漂泊到遠方去。經過長久的漫遊後，他終於找到了要找的地方。在阿克洛斯河，他發現了一個剛從水裡露出來的小島。阿爾克邁翁在島上住下來，從此免除了災難。

　　新的歡樂和幸福又使他得意忘形起來。他忘掉了他的妻子阿爾茜諾埃和小兒子克呂堤俄斯，另娶了阿克洛斯河神的女兒，美麗的卡呂爾荷埃為妻，並生了兩個兒子阿卡耳南和阿姆福特羅斯。

　　因為到處傳說阿爾克邁翁有兩件稀世之寶，所以年輕的妻子要他把美麗的項鍊和面紗拿出來看看。但是這兩件寶物他留在前妻手裡了。

　　他編造說，這兩件寶貝他藏在一個遙遠的地方，並且答應給她拿回來。因此，阿爾克邁翁又回到珀索菲斯，來到岳父和被他拋棄的妻子面前，向他們道歉，說由於瘋病犯了，失去了理智，他才離開了他們，現在這病還沒有痊癒。

　　他說：「按照占卜所示，只有一種辦法，才能使我徹底擺脫病魔，即把我從前送給妳的項鍊和面紗帶到特爾斐，獻給神祇。」妻子把兩件寶物交給了他。阿爾克邁翁高高興興的帶著寶物上了路，他完全沒有想到這兩件倒霉的寶物會使他毀滅。

　　他的一名僕人向國王菲格烏斯告密說，阿爾克邁翁又娶了一個妻子，現在要把寶物送給她。菲格烏斯的兒子聽說妹妹受了騙，不禁大怒，急忙追了出去，在路上偷偷的襲擊他，把他殺死了，最後把項鍊和面紗帶回來交給妹妹。

　　阿爾茜諾埃仍然愛著不忠實的丈夫。她責怪兄弟們不該把阿爾克邁翁殺害。現在，這兩件帶來災難的寶物又在阿爾茜諾埃身上發生作用了。她兄弟聽到她的責備十分生氣，決定懲罰阿爾茜諾埃。

　　他們把她抓住，鎖在一個木箱裡，將她運到特格阿交給國王阿伽帕諾爾，對他說，阿爾茜諾埃是謀殺阿爾

克邁翁的兇手。後來她在這兒悲慘的死去。

卡呂爾荷埃聽到丈夫阿爾克邁翁被害的消息後，跪倒在地，祈求宙斯降下奇蹟，讓她的兩個兒子阿卡耳南和阿姆福特羅斯立即長大成人，前去懲罰殺父的兇手。卡呂爾荷埃是個純潔而虔誠的女子，宙斯接受了她的祈求。她的兩個兒子第一天晚上睡覺的時候還是小孩，第二天醒來時已是成人，充滿了力量和復仇的慾望。

他們出發去復仇，首先來到了特格阿。正好菲格烏斯的兩個兒子帕洛諾俄斯和阿根諾爾，也剛把不幸的妹妹阿爾茜諾埃帶到那裡，並準備到特爾斐去把阿佛洛狄特的不祥的寶物獻給阿波羅神廟。

當這兩個青年衝上去時，帕洛諾俄斯和阿根諾爾還不知道是怎麼一回事。沒等他們問清襲擊的原因，即被兄弟兩人打死了。

兄弟兩人向阿伽帕諾爾說明了事情的原委，然後又前往亞加狄亞的珀索菲斯。他們一直走進宮殿，殺掉國王菲格烏斯和王后。安全回來後，告訴母親，他們已為父親報了仇。後來，他們聽從外祖父阿克洛斯的建議，前往特爾斐，把項鍊和面紗獻給了阿波羅神廟。

當這件事完成後，安菲阿拉俄斯家族所遭受的災難才最終消除。他的孫子，即阿爾克邁翁和卡呂爾荷埃的

兒子阿卡耳南和阿姆福特羅斯在伊庇魯斯招集移民，建立了阿卡耳南尼亞王國。而克呂堤俄斯，即阿爾克邁翁和阿爾茜諾埃的兒子，在父親被殺後，也懷恨的離開了母親那邊的親戚們，逃到厄利斯，並在那裡生活。

特洛伊城的建立

在很古的時候，伊阿西翁和達耳達諾斯統治愛琴海的撒摩特剌島，他們都是宙斯與海洋女神普勒阿德斯所生的兒子。

伊阿西翁自以為是神祇的兒子，竟敢窺視奧林匹斯聖山上的女子，並追逐女神德墨特耳。為懲罰他的膽大妄為，宙斯用雷電把他擊死。達耳達諾斯對兄弟的死十分悲傷，因此離開了家鄉，前往亞細亞大陸，來到密西埃海灣。

那是西莫伊斯河和斯康曼特爾河入海的匯合處。這裡的國王是透克洛斯，土著的克里特人，所以這個地區的牧民也被稱為透克里亞人。

國王透克洛斯熱情地接待了他，賞賜給他一塊土

地，並把女兒許配給他。這塊地方以他的名字而得名，稱為達耳達尼亞，居住在這個地區的透克里亞人從此改稱達耳達尼亞人。達耳達諾斯死後，他的兒子厄里克托尼俄斯繼承了王位，後來特洛斯又繼承厄里克托尼俄斯的王位。從此以後，特洛斯統治的地區則稱為特羅阿斯，特羅阿斯的都城則稱為特洛伊。現在透克里亞人和達耳達尼亞人自然都稱為特洛伊人，或稱為特洛埃人。

國王特洛斯死後，長子伊羅斯繼承了王位。有一次他訪問鄰國夫利基阿。國王邀請他參加角力競賽。伊羅斯取得了勝利，得到了五十名男孩，五十名女孩，以及一頭花斑母牛的獎賞。國王還告訴他一則神諭：在母牛躺下休息的地方，他必須建立一座城堡。

伊羅斯趕著母牛走去，因為母牛休息的地方正是自特洛斯以來被作為國都的地方，即特洛伊。於是，他就在那裡的山上建立了一座堅固的城堡，稱為伊利阿姆，又稱伊利阿斯，或柏加馬斯。

在建城前，伊羅斯祈求先祖宙斯的兆示，看神祇是否同意他的建城計劃。第二天，伊羅斯在自己的帳篷前撿到從天上落下的女神雅典娜的肖像，它被稱做帕拉斯神像。像高六尺，兩腳合攏，右手執一長矛，左手拿著紡線桿和紡錘。據說，女神雅典娜出生後就由海神特里

同收養。

特里同另有一個女兒，名叫帕拉斯，正好和雅典娜同齡。這兩個女孩一起遊戲玩耍，成了要好的朋友。

一天，兩位年輕的女子舉行一場遊戲比賽，看看誰更強一些。當帕拉斯擺出一副姿態，準備刺殺她的女友時，宙斯擔心女兒受傷，就在她面前擋了一面神盾。那是山羊皮做的，十分堅實。帕拉斯一見，吃了一驚，露出一處破綻，被雅典娜一槍刺中。

對她的死，女神深感悲痛。為紀念女友，她為女友帕拉斯造了一尊像，並把一副和羊皮盾一樣的胸甲圍在神像上。雅典娜把這神像放在宙斯的神像前，以此表示敬重。

從這時起，她自稱為帕拉斯・雅典娜。現在，宙斯徵得女兒的同意，把帕拉斯神像從天空降落下來，暗示伊利阿姆城堡處在他和他女兒的保護之下。

國王伊羅斯的兒子拉俄墨冬是個專橫武斷、兇惡殘暴的人，他看到特洛伊城沒有牢固的設防，便想在周圍建造一堵城牆，把城圍住。

那時，阿波羅和波塞冬因反對宙斯而被逐出天國，在人間漂泊。宙斯想讓兩個神幫助國王拉俄墨冬建造城牆，讓他和他的女兒所保護的城市有一座堅不可摧的城

牆。

命運女神把他們送到特洛伊城區。因為他們無所事事，便向拉俄墨冬自薦，只收低廉的報酬，為國王做一年重活。國王同意了。波塞冬幫助建造城牆，城牆造得又高又寬，十分堅固。而福玻斯・阿波羅在愛達山的山谷和河岸間為國王放牧。

一年過去了，雄偉的城牆已經完成。可是國王拉俄墨冬賴帳，不給他們報酬，為此他們和國王爭論起來。阿波羅激烈的責備國王不守信義，國王下令把他們兩人驅逐出境，並威脅說，要把阿波羅的手腳捆住，並把兩人的耳朵割下來。

兩個神祇發誓，與國王不共戴天，從此他們成了特洛伊人的冤家。雅典娜也不再保護這座城市，後來赫拉也參加進來，反對這座城市。在宙斯的默許和支持下，這座城市將聽憑諸神去毀滅，它的國王和人民也要跟著遭殃。

金蘋果之爭

在奧林匹斯山諸神中，有個女神很美麗，但是她專門挑撥惹事，她經常挑起諸神之間的爭執，讓夫妻不和，兄弟不協，她叫厄里斯。

邪惡女神厄里斯在奧林匹斯山自然不受歡迎。當眾神舉行宴會時，他們往往把她遺忘，這使她感到極度的憤怒，她決定要去惹麻煩。

在國王皮里亞斯和海之女神西蒂斯的重要婚禮中，眾神中只有厄里斯沒有被邀請。她把一個上面刻著『獻給最美麗的人』的金蘋果丟在設宴的禮堂中。

當然，所有的女神都想得到它。但最後的參選者，僅為三名女神阿佛洛狄特、赫拉、雅典娜，她們要求宙斯在她們之間作個裁決。但宙斯很聰明的拒絕參與此

事。他告訴他們前往靠近特洛伊城的愛達山，年青的王子帕里斯正在那裡為他父親牧羊。

宙斯告訴她們，帕里斯是一名選美的極佳裁判，雖然帕里斯是一名王子，但他卻做牧羊人的工作，因為他父親特洛伊城的國王普里阿摩斯受到警告說「有一天，帕里斯會使該城毀滅。」他父親因此把他趕走，這時，帕里斯正和一位可愛的女神奧伊諾妮住在一起。

當這三位美麗漂亮的女神在他面前出現時，他的驚訝是可以想像得到的，他並沒有要求注視這三位嫵媚的女神，而選擇在他心目中誰最漂亮，卻只要求考慮每個人所提供的賄賂品，選擇何者他認為最值得接受。

無論如何，這項抉擇是不容易的，因為男人最關心的東西都擺在眼前。赫拉答應使他成為歐羅巴和亞細亞兩洲的主宰；雅典娜願意領導特洛伊人戰勝希臘人，而且將希臘毀滅；阿佛洛狄特則答應給他世界上最美麗的女人。

帕里斯是一位柔弱且有點怯懦的人。他選擇了後者。他將金蘋果給了阿佛洛狄特，赫拉和雅典娜憤怒的轉過身去，並發誓說由於他對她們的不公平，她們一定要向他的父親特洛伊和所有特洛伊的人民報仇，從此以後，特別是赫拉，成了特洛伊人的死敵。

阿佛洛狄特則一再莊嚴的說著她的諾言,並以神的誓言作保證,然後她離開這個牧童。她的態度溫柔而莊嚴,使他沉醉在幸福中。

在這以後,帕里斯作為一個不知名的牧人住在伊德山的山坡上,希望有一天能實現阿佛洛狄特的誘惑的諾言,但當她在他心中所激起的慾望不能滿足時,他娶了俄諾涅為妻。她生長在當地,據說是河神與一個仙女所生的女兒。在她的陪伴下,他在荒漠的山坡上度過許多快樂的日子。遠離開人世,看顧著他的牧群。但最後他被引誘來到他從沒有到過的城裡。

有一年,普里阿摩斯在埋葬一個親屬之後舉行了一個殯儀的賽會,會場上要舉行許多的競賽。獎品是國王命令從他的伊德山牧群裡捉來的一匹牡牛。這匹牡牛恰好是帕里斯最喜愛的,他不好拒絕他的主人即國王,因此他決定至少得參加競賽來贏回這匹牡牛。

他果然得到勝利,而且勝過他的弟兄們,甚至於勝過他們當中最勇敢最強壯的赫克托耳。國王普里阿摩斯的一個兒子得伊福玻斯因失敗而感到憤怒和羞愧,不能自制,一直衝向這牧童要將他擊倒。但帕里斯逃避到宙斯的神壇裡,在那裡,普里阿摩斯的女兒卡珊德拉,一個曾被神祇賦予預言天才的人,她一眼就看出他是她的

哥哥。他的父母也在重逢的歡喜中擁抱著他，忘記了在
他初生時預言家所說的警告，仍然將他視為親生的兒子
接待。

帕里斯暫時回到他的妻子和牧群那裡去，但現在卻
住居在適於王族身分的華麗的房子裡。不久機會到了，
國王要委任他一項重要的使命，他踏上旅途但並不知道
這一去將實現愛情女神曾經給他的諾言。

帕里斯對三女神選美的裁決，成為特洛伊之戰爆發
的真正原因。

25 特洛伊遺棄的王子帕里斯

殘暴而又背信棄義的國王拉俄墨冬去世後,他的王位由兒子普里阿摩斯繼承。普里阿摩斯娶的後妻是夫利基阿國王迪馬斯的女兒赫卡柏。他們生了第一個兒子赫克托耳,她生第二個孩子時,做了一個奇怪的夢,她夢見自己生下一支火炬,火炬點燃了特洛伊城,把它燒成灰燼。

赫卡柏深感恐懼,她把夢境告訴她的丈夫。普里阿摩斯頓生疑慮,即刻招來前妻的兒子埃薩庫斯。他是個預言家,他仔細聽了父親的敘述後,解釋說,他的繼母赫卡柏將生下一個兒子,這個兒子將毀滅特洛伊城。因此,他勸父親把這個新生兒扔掉。

　　王后赫卡柏果然生了一個兒子，她對國家之愛勝過母子之愛，因此，她勸丈夫把嬰兒交給一個僕人扔到愛達山上。這個僕人名叫阿革拉俄斯，他遵命的把孩子遺棄在山上。但一隻母熊收留了孩子。過了五天以後，阿革拉俄斯看到孩子安好的躺在森林裡，便決定把嬰孩帶回家去，當作自己的兒子一樣撫養，為他取名為帕里斯。

　　帕里斯漸漸長大成人，他健壯有力，英俊瀟灑。一天，帕里斯在幽深的峽谷裡放牧，忽然，他聽到震動大地的神祇的腳步聲，掉頭一看，看見神祇的使者赫爾墨斯來到身旁。其實他只是個先行者，身後還跟著奧林匹斯聖山上的三位女神，她們輕盈的穿過柔軟的草地，款款走來，帕里斯頓時感到一陣驚悸。

　　神祇使者赫爾墨斯對帕里斯說：「你別害怕，三位女神來找你，是因為她們選擇你當她們的評判，要你評一評她們中誰最漂亮。宙斯吩咐你接受這個使命，以後他會給你保護和幫助的。」

　　赫爾墨斯說完話就鼓起雙翼，飛出狹窄的山谷，上了天空。帕里斯聽了他的話，鼓起勇氣，大膽的抬起頭，用目光端量面前的三位女神。乍一看，他覺得三個女神都一樣漂亮，分不出高低。

　　這時，三個女神中最驕傲的一個，也是身材最高大

的一個對他說：「我是赫拉，宙斯的姐姐和妻子。你把這個金蘋果拿去，上面寫著『送給最美的人』。如果你把它判給我，那麼你就可以統治地上最富有的國家。」

「我是帕拉斯·雅典娜，智慧女神。」第二個女神說，她的前額寬闊，美麗而嫵媚的臉上有雙蔚藍色的眼睛。「假如你判定我最美麗，那麼，我將幫你獲得希臘的王位。」這時，第三個女神，她一直以最美麗的眼睛在說話，這時才甜甜的微笑著開了口：「那些許諾是靠不住的。我願意送給你一樣禮物，它會帶給你快樂，讓你享受幸福的愛情。我願把世界上最漂亮的女子送給你做妻子。我是阿佛洛狄特，專司愛情的女神！」

當阿佛洛狄特站在牧人面前說這番話時，她正束著她的腰帶，這使她顯得更具魅力，更顯得光彩照人，其他兩個女神相形之下頓時黯然失色。

帕里斯把那個從赫拉的手裡得到的金蘋果遞給阿佛洛狄特。這時，赫拉和帕拉斯惱怒的轉過身去，發誓不忘今天的恥辱，一定要向他，向他的父親和所有的特洛伊人報復，讓他們毀滅。阿佛洛狄特又莊嚴的重申了她許下的諾言，並深深的向他祝福，然後離開了他。

26

帕里斯的任務

隨著年紀越來越大，普里阿摩斯開始回憶，他想起了小時候一起玩耍的很多很多的人，有一天，他想到了姐姐赫西俄涅。

當普里阿摩斯還是童年的時候，海克力士攻佔了特洛伊城，殺死了拉俄墨冬，搶去了赫西俄涅，然後把她送給他的朋友特拉蒙為妻。雖然赫西俄涅成了統治薩拉密斯的王后，可是普里阿摩斯及其一家仍然對這場搶劫耿耿於懷，感到受了侮辱。

有一天，宮裡在議論這件事時，國王普里阿摩斯十分懷念他在遠方的姐姐，而且念頭越來越強烈。

這時他的兒子帕里斯站起來說，如果讓他率領一支艦隊，開到希臘去，那麼在神祇們的幫助下，他一定能

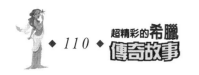

用武力從敵人手中奪回父親的姐姐。他講話時胸有成竹，因為他沒有忘掉愛情女神阿佛洛狄特給他的許諾。帕里斯向父親和兄弟們敘述了那天在放牧時的奇遇。普里阿摩斯毫不懷疑他的兒子帕里斯受到神祇們的保護。

普里阿摩斯的另一個兒子赫勒諾斯精通占卜，是個預言家，他站起來說了一串預言：他的兄弟帕里斯如果從希臘帶回一名女子，那麼希臘人就會追到特洛伊，踩平城市，並會殺死國王和他所有的兒子。這則預言引起大家的議論。

小兒子特洛伊羅斯是個血氣方剛的青年，他毫無顧忌的表示不相信這類預言，甚至嘲笑他哥哥膽怯，並勸大家不要被這種預言嚇得失去了主張。其他人還在沉思，權衡利弊，普里阿摩斯卻大膽的支持兒子帕里斯的建議。

國王召集市民宣稱，過去他曾派使節在安特納沃斯帶領下前往希臘，要求希臘人對搶劫姐姐赫西俄涅表示賠罪，並將她歸還回國。那時候安特納沃斯受盡屈辱，被趕了回來。現在，他想讓兒子帕里斯率領一支強大的部隊，用武力來實現用禮節無法實現的目的。

安特納沃斯支持這一建議，他站起來回憶了那時作為使節在希臘遭受的侮辱，指責希臘人都是和平的狂

人，戰爭的懦夫。他所講的話激起了人民對希臘人的憤怒，他們一致要求戰爭。

但普里阿摩斯是個賢明的國王。他不願輕率的過早的做出決定，而是要求大家暢所欲言，發表自己的意見。這時一位年事已高的特洛伊人潘托斯從人群中站出來。他在童年時曾聽父親奧蒂爾斯說過，如果將來拉俄墨冬家族中有一位王子從希臘帶回一個妻子，所有的特洛伊人就會面臨災難。

據說他父親是聽了神諭的暗示。「因此，」老人在結束時說，「我們不能受戰鬥的榮譽的迷惑。朋友們，讓我們還是在和平和安寧中生活，別把我們的生命在戰爭中作賭注孤注一擲。最後，也許連自由也會失掉。」

人群中發出一片嘟噥聲，大家對這項建議表示不滿，紛紛要求國王普里阿摩斯不要理睬一位老人的恐嚇的話，而要大膽的把心中決定的事付諸實行。

普里阿摩斯下令建造船隻，工場就設在愛達山上。同時，他派兒子赫克托耳到夫利基阿去，並派帕里斯和德伊福玻斯到鄰國珀契尼亞去，爭取這些王國的支持並結成同盟。特洛伊的青壯年紛紛報名入伍。

不久，組成了一支強大的軍隊。國王任命他的兒子帕里斯為軍隊的統帥，並指派他的兄弟德伊福玻斯、潘

托斯的兒子波呂達瑪斯以及埃涅阿斯為參將。強大的戰船出發了，朝著希臘的錫西拉島航行。帕里斯想在那裡首先登陸。半路上，他們遇到斯巴達國王墨涅拉俄斯的船隊。他正要到波洛斯訪問賢明的國王涅斯托耳。他看到迎面駛來的浩浩蕩蕩的戰船，讚賞不已。而特洛伊人看到他的裝飾豪華的船也非常驚奇，他們知道這一定是希臘顯赫的王侯乘坐的船隻。可是雙方互不認識，因此兩支船隊在海面上相擦而過。

特洛伊的戰船平安的到達錫西拉島，帕里斯開始著手準備與希臘人交涉要回他的姑母赫西俄涅。

奪走美麗的海倫

海倫是宙斯和勒達的女兒，卡斯托耳和波呂尼刻斯的妹妹，她在繼父斯巴達國王廷達瑞俄斯的宮中長大。傳說她是世界上最美麗的女人。她的美麗，使得希臘沒有一個王子不想娶她，她的美貌吸引了大批求婚的人。

國王擔心如果他選擇其中的一個為女婿，便會得罪其他眾多的求婚者。當她的追求者集合在她家向她正式求婚時，他們人數是那麼多，而且都出生於那麼有聲望的家庭，以致她有名的父親廷達瑞俄斯國王不敢從他們之間選取一人，害怕其他的人聯合起來對抗他。

聰明的伊塔刻國王奧德修斯建議他讓所有的求婚者都發誓，將來跟有幸選中的女婿建立同盟，共同反對因

未選中而懷恨在心，並企圖危害國王的人。廷達瑞俄斯
接受了他的建議，他讓所有的求婚者當眾發誓。後來，
他選中了阿特柔斯的兒子，阿加曼農的兄弟，亞各斯國
王墨涅拉俄斯做他的女婿，繼承了他的王位。海倫為他
生了一個女兒赫耳彌俄涅。

　　帕里斯在動身前往斯巴達之前打算在愛神阿佛洛狄
特、月亮以及狩獵女神阿耳特彌斯的神廟裡獻祭。這時
島上的居民也把來了一支強大戰船的消息傳到斯巴達。
因為墨涅拉俄斯已外出訪問，政事由王后海倫主持。

　　美麗的王后海倫在丈夫外出期間孤零零的住在宮殿
裡，生活過得十分單調、乏味，感到非常寂寞。這時她
聽說一位外國王子即將率領強大的戰船來到錫西拉島，
便懷著女性的好奇心，想看看這位王子和他的武裝隨
從。於是，她動身前往錫西拉島，準備在阿耳特彌斯神
廟裡隆重獻祭。

　　她走進神廟時，帕里斯正好獻祭完畢。他看到端莊
的王后走進來，說不出的驚艷，那雙高舉起向天祈禱的
手不禁垂落下來。他幾乎不能控制自己，因為他感到好
像又見到了他在牧場放牧時曾經見到過的愛神阿佛洛狄特。

　　他早就聽說海倫美艷動人，他覺得愛情女神給他送
來的這位女子要比傳說中的美女海倫還要美麗得多。他

原想愛情女神許諾給他的美女一定是個處女，沒有想到
她會是別人的妻子。現在，斯巴達的王后站在他的面
前，她能與愛情女神媲美，這時他頓時明白，這便是愛
情女神贈給他的美女，他一心想得到她。父親的委託，
遠征的計劃頃刻間都被拋到九霄雲外。他覺得帶領著成
千上萬的士兵遠征的目的就是為了得到海倫。

　　正當帕里斯默默的沉思時，海倫也在打量這位從亞
細亞來的俊美的王子。他一頭長髮，穿著東方閃亮的金
絲長袍，身材魁梧，十分動人。頓時，她丈夫的形象從
意識中消失了，取而代之的是這位年輕而英氣勃勃的外
地人，他深深的烙在她的心上。

　　獻祭完畢，海倫回到斯巴達的宮中，她竭力想要從
心中抹去那個異國王子的形象，強使自己想念仍然逗留
在皮洛斯的丈夫墨涅拉俄斯。但不久帕里斯帶著幾個隨
從來到斯巴達，進入王宮。王后海倫按照禮節熱情的接
待了前來到訪的王子。

　　帕里斯王子講話溫文爾雅，言詞動聽，他又彈得一
手好琴，琴音美妙，使海倫迷醉得不能自制。

　　帕里斯見到海倫心旌搖蕩，便忘了父親的委託和此
行的使命，心中只有愛情女神迷人的許諾。他召集跟他
一起來到斯巴達的全副武裝的士兵，答應滿足他們的任

何條件，說服他們幫助他。然後他帶領他們衝進王宮，把希臘國王的財富擄掠一空，並劫走了美麗的海倫。海倫表面上在反抗，可是心底裡並非不願意跟他走。

帕里斯帶著戰利品駛過愛琴海時，海面上突然風平浪靜。在載著帕里斯和海倫的船隻前面，波浪自動分開，年老的海神涅柔斯從水中伸出戴著蘆花花冠的頭，鬍鬚和頭髮上滴著水。船隻像被釘子釘在水面上一樣。涅柔斯大聲向他們宣佈了一個可怕的預言：「不祥的鳥飛翔在你們的船前！希臘人帶著軍隊追來，他們將拆散你們罪惡的結合，摧毀普里阿摩斯的古老帝國！這一場血戰要經歷多年，只有一位英雄的憤怒才能阻擋你們的城市的毀滅！一旦等到指定的時日來臨時，特洛伊人的家宅將被希臘人燒成灰燼！」

年老的海神說完預言又潛入海裡。帕里斯聽到這預言，心裡非常恐懼。一會兒，海面上又吹起了歡快的順風。海倫躺在他的懷裡，他馬上把這可怕的預言忘得一乾二淨。後來戰船來到克拉納島，他們在島前下錨登陸。輕率而薄情的墨涅拉俄斯的妻子海倫自願跟帕里斯結婚。他們舉行了隆重的婚禮，沉浸在新婚的快樂中，兩個人都忘掉了家庭和祖國。

特洛伊人雖然還不知道龐大的希臘戰船已經逼近他

們的國土，但是自從希臘使節離開以後，全國人心惶惶，擔心戰爭的來臨。

這時候，帕里斯率領船隊，載著被他劫持的王后和眾多的戰利品回來了。普里阿摩斯國王看到這不祥的兒媳走進宮中，心情並不高興，他立即召集兒子們和貴族舉行緊急會議。可是他的兒子們卻不以為然，因為帕里斯已分給他們大量的財寶，還把海倫帶來的漂亮的侍女送給他們成婚。

普里阿摩斯見會上眾人決定收留海倫，不將她驅逐出境，便派王后到她那裡，瞭解她是否真的自願跟帕里斯到特洛伊來的。海倫聲稱，她的身世表明她既是特洛伊人，也是希臘人，因為丹內阿斯和阿革諾爾既是特洛伊王室的祖先，也是她的祖先。她說她被搶走雖非自願，但現在她已衷心的愛上了新夫，並與他生活在一起，她自願成為他的妻子。

在發生這件事後，她已經不可能得到前夫和希臘人的原諒。如果她真的被驅逐出去，交給希臘人處置的話，那麼恥辱與死亡是她的唯一命運。她無其他的路可走。

她含著眼淚跪倒在王后赫卡柏的面前。赫卡柏同情的把她扶起來，告訴她國王和所有的兒子都決定保護她，準備抵抗任何的攻擊。

28 希臘人的備戰

帕里斯作為一名使者前往斯巴達,搶走了斯巴達王妃和斯巴達的財產,他的行為嚴重地違背了民法和賓主之道,產生了嚴重的惡果。

斯巴達國王墨涅拉俄斯和他的哥哥阿加曼農,即邁肯尼的國王,是希臘英雄中最強大的王室王族。兩人都是宙斯的兒子坦塔羅斯的後裔。這是一個高貴的家族,除了統治亞各斯、斯巴達外,他們還主宰著伯羅奔尼撒的其他王國,希臘的許多君王都是他們的盟友。

墨涅拉俄斯聽到妻子被劫走的消息後,怒不可遏。他即刻離開皮洛斯,趕到邁肯尼,把事情告訴了哥哥阿加曼農和海倫的異父姐妹克呂泰涅斯特拉。阿加曼農安慰他,並答應敦促從前曾向海倫求婚的王子履行他們的

誓言。兄弟兩人走遍希臘各地，要求所有的王子都參加討伐特洛伊的戰爭。首先答應這個要求的有特勒泊勒摩斯，他是羅德島上有名的國王，海克力士的一個兒子。其次是亞各斯國王、神祇堤丟斯的兒子狄俄墨德斯。

幾乎全希臘都響應坦塔羅斯的後裔的號召。只有兩個國王還在猶豫不決，一個是狡黠的奧德修斯，另一個是阿基里斯。

伊塔刻國王奧德修斯是珀涅羅珀的丈夫。他不願為了斯巴達王后的不忠而離開自己年輕的妻子和幼小的兒子特勒瑪科斯。當他看到帕拉墨德斯帶著斯巴達國王前來訪問他時，便佯裝發瘋，駕了一頭驢極不協調的去耕地。後來，他把鹽當種子撒在田裡。

帕拉墨德斯看透了他的詭計。當奧德修斯正在耕地時，他偷偷的走進宮殿，抱走嬰兒特勒瑪科斯，把他放在奧德修斯正要犁的地上。奧德修斯小心翼翼的把犁頭提起來，從兒子旁邊讓過去。這下暴露了他神智很清楚，他完全在裝瘋。現在他無法再固執的拒絕參加征戰了，最後只得答應獻出伊塔刻及其鄰近島嶼的八條戰船，聽候墨涅拉俄斯國王的調遣。但從此他對帕拉墨德斯心懷不滿，有了成見。

阿基里斯也遲遲沒有答應參加征戰。他是阿耳戈英

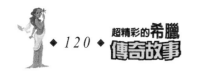

雄珀琉斯和海洋女神特提絲的兒子。當他出生時，他的女神母親也想使他成為神人。她在夜裡背著父親把兒子放在天火中燃燒，要把父親遺傳給他的人類成分燒掉，使他聖潔。

到了白天，她又用神藥給兒子治癒燒灼的傷口。她一連幾夜都這樣做。有一次，珀琉斯暗中偷看到兒子在烈火中抽搐時，不禁嚇得大叫起來。這一來妨礙了特提絲完成她的祕密使命。她悲哀的扔下了兒子，躲進海洋王國，和仙女涅瑞伊得斯住在一起。

珀琉斯以為兒子受到嚴重的傷害，便把他送到著名的醫生喀戎那裡。半人半馬的喀戎是個聰明的肯陶洛斯人，他仁慈的收養了這個孩子，用獅肝豬膽以及熊的骨髓餵養他。

當阿基里斯九歲時，希臘預言家卡爾卡斯預示，遠在亞細亞的特洛伊城沒有珀琉斯的兒子參戰是攻不下的。他的母親聽說了這個預言，知道這場征戰將會犧牲她兒子的生命，因此連忙浮上海面，潛入丈夫的宮殿，給兒子穿上女孩的衣服，把他送到斯庫洛斯島，交給國王呂科墨德斯。

呂科墨德斯見他是個女孩，便讓他跟自己的女兒們一起生活，玩耍。後來，他在下巴上長出毛茸茸的鬍子

時，他向國王的女兒德伊達彌亞說出了自己男扮女裝的祕密。兩人於是萌發了愛情。

島上的居民還以為他是國王的一個女眷，實際上他已悄悄的當了得伊達彌亞的丈夫了。現在，他成了特洛伊征戰取勝的必不可少的人物，預言家卡爾卡斯知道他居住的地方，也知道他在征戰中的作用，所以透露了他的住處。於是他們派奧德修斯和狄俄墨德斯去動員他參戰。

兩位英雄到了斯庫洛斯島，見到國王和他的一群女兒。可是，無論兩位英雄眼力如何敏銳，仍然認不出哪個是穿著女裝的阿基里斯。奧德修斯心生一計，他叫人拿來一矛一盾，放在她們聚集的屋子裡。然後他命令隨從吹起戰鬥的號角，好像敵人已經衝進宮殿一般。

她們大驚失色，逃出了屋子。只有阿基里斯依然留下，勇敢地拿起矛和盾。這下子他暴露了自己的身分，只得同意率領密耳彌冬和帖撒利人出征，並帶著他的教練福尼克斯和朋友帕特洛克羅斯同行。

帕特洛克羅斯是與他在珀琉斯宮殿裡一起長大的。現在，他們率領五十艘戰船駛入希臘海，前往奧里斯。奧里斯是俾俄喜阿國的一座港口城市，是阿加曼農為所有的希臘王子和戰船選定的集合地點。

　　阿加曼農被推選為聯軍統帥。奧里斯港聚集的英雄
除了上述的王子外，還有別的英雄們，其中最主要的有
特拉蒙和厄里玻亞的兒子大埃阿斯，以及他的異母兄
弟、著名的弓箭手透克洛斯；從洛克里斯來的俄琉斯的
兒子小埃阿斯等，他們就是除了阿特柔斯的兒子、奧德
修斯和阿基里斯以外的希臘王子和國王。他們每人率領
一支戰船在奧里斯港集合，備戰特洛伊。

29
阿加曼農和伊菲革涅亞

當希臘各國的國王和英雄們率領大批戰船會集在奧里斯港口備戰時,阿加曼農外出狩獵消磨時光。有一天,一頭獻給女神阿耳特彌斯的梅花鹿進入他的射程之內。國王圍獵興致正濃,一箭射中了這頭漂亮的動物。他還誇口說,即使是狩獵女神阿耳特彌斯本人也不一定射得比他準。女神聽到他如此無禮的話十分生氣。她讓港口前風平浪靜,船隻根本無法從奧里斯海灣開出去,可是戰爭卻該開始了。希臘人束手無策,只好去找大預言家特斯托耳的兒子卡爾卡斯,向他請教擺脫困境的辦法。卡爾卡斯是隨軍祭司和占卜人,他說:「如果希臘人的最高統帥,即阿加曼農願意把他和克呂泰涅斯特拉所生的女兒伊菲革涅亞獻祭給阿耳特彌

斯女神,那麼女神就會寬恕我們。那時海面上將會刮起順風,神祇再也不會阻礙你們攻佔特洛伊城了。」

阿加曼農聽了預言家的話,陷入了絕望之中。他派來自斯巴達的傳令官塔耳堤皮奧斯,向全體參戰的希臘人宣佈,阿加曼農辭去希臘軍隊最高統帥一職,因為他的良心不允許他殺害自己的女兒。希臘人聽到這個決定,十分火大,揚言要反叛。墨涅拉俄斯急忙來到他的住處,告訴他的兄弟這個決定所產生的嚴重後果。阿加曼農經過勸說,終於同意做這件可怕的事:把女兒獻祭給女神。

他寫了一封信給邁肯尼的妻子克呂泰涅斯特拉,要她把女兒伊菲革涅亞送到奧里斯來。為了解釋這件事,他向妻子謊稱,是為了讓女兒跟珀琉斯的小兒子,光榮的英雄阿基里斯訂婚。可是,送信的使者剛出發,父女感情又使阿加曼農的良心受到自責。他感到痛苦,後悔做出了輕率的決定。於是他又在當天夜晚叫來可靠的老僕人,要他另送一封信給他的妻子,信上吩咐她不要把女兒送到奧里斯來,因為他已改變了主意,要把女兒訂婚的事推遲到明年春天。

忠誠的僕人拿著信急忙走了,但他剛離營就被墨涅拉俄斯抓住,信被搜去。他讀完信就拿著信來找他的哥

哥。一個堅持要完成使命揚帆出海，另一個堅持父女情深，不要把女兒獻祭。

兄弟兩人爭論起來，互不相讓。突然一名僕人進來向阿加曼農報告，說他的女兒伊菲革涅亞已經來到，隨同前來的還有她的母親和弟弟俄瑞斯特斯。僕人剛離開，阿加曼農突然覺得自己陷於完全絕望的境地。墨涅拉俄斯連忙握住他的手表示安慰。

克呂泰涅斯特拉對女兒的婚事非常關心，她拉著丈夫不停的問東問西，而阿加曼農在極力掩飾即將失去愛女的痛苦的同時，還要編造謊言欺瞞妻子。阿加曼農的內心受盡煎熬。

然而，一件偶然的事使得克呂泰涅斯特拉碰到了年輕的王子阿基里斯。克呂泰涅斯特拉像對待未來的女婿一樣問候他，阿基里斯驚訝得往後退去，他說他從來不知道他跟年輕公主的婚事。

克呂泰涅斯特拉這才知道她受騙了。她站在阿基里斯面前，滿面羞愧，心裡懷疑。阿基里斯卻以年輕人的天真說：「請不要難過，王后，一定是有人拿我跟妳開玩笑。別把它當一回事。而且，如果我坦率的話傷害了妳，也請妳多多原諒。」說完，他正想離開，阿加曼農的那個忠實的老僕人正好走來，他把克呂泰涅斯特拉叫

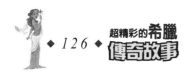

到一邊，悄悄的對她說：「阿加曼農想要親手殺死妳的女兒！」現在母親終於知道了神諭的真實內容。她痛不欲生，轉過身撲在阿基里斯的面前，抱住他的雙膝，向他哭訴起來：「女神的兒子，快救救我，救救我的孩子！我把你當作她的未婚夫，我給她戴上花冠一直送她到軍中。我雖然是被蒙蔽，可是仍把你當作她的新郎！我當著一切神祇，當著你的女神母親的面，請求你，救下我的女兒。」

阿基里斯滿懷敬意的扶起了跪在面前的王后，對他說：「請放心，王后！我願意保護妳。我會盡我的力量，把妳的女兒從她父親的刀下救回來！」

珀琉斯的兒子對伊菲革涅亞的母親作了莊嚴的保證後離開了。

克呂泰涅斯特拉怨恨的走去找丈夫阿加曼農，她帶著女兒和兒子向阿加曼農質問，是否是為了那個不忠的王后要獻出自己的女兒。女兒也跪在父親面前求父親回心轉意。然而阿加曼農已下定決心，冷酷得像一塊石頭，他不願意放棄出戰的機會。

她們在哭泣中突然聽到了兵器撞擊的聲音。阿基里斯大踏步的跨了進來，身後跟著一群隨從。「全軍都亂掉了，他們要求犧牲你的女兒，」他大聲地對王后說，

「我反對他們，幾乎快被他們用亂石擊死。」

「我家鄉的士兵呢？」克呂泰涅斯特拉屏住氣問道。「他們帶頭起鬨，」阿基里斯繼續說，「罵我是個害相思病的吹牛大王，我帶著這些忠誠的夥伴來保護你們，不讓奧德修斯等人傷害你們，我將用生命保護你們。而且，我倒想看看，他們是否敢於進攻一個與特洛伊的命運息息相關的女神的兒子。」

這時，伊菲革涅亞突然從母親的懷裡掙脫出來。她抬起頭來，勇敢而堅定的面對王后和阿基里斯。她決定獻出生命實現父親的願望。

伊菲革涅亞目光炯炯，如同一位女神站在母親和阿基里斯面前。這時，年輕而勇敢的阿基里斯突然跪在她的面前，說：「阿加曼農的女兒，如果我能擁有妳的愛情，那麼我就是神祇賜予的天下最幸福的人。我妒忌妳許身給希臘，我仰慕希臘養育了妳這樣的女子，我愛妳，渴慕妳，我願意給妳創造良好的條件，願意將妳帶回家鄉，讓妳過著幸福的生活。」

伊菲革涅亞微笑著回答：「由於海倫，女人的美貌引起了夠多的戰爭和殘殺。我親愛的朋友，你也不該為了我而死，也不該為了我而去殘殺別人。不，讓我來拯救希臘吧，我是自願的！」

　　希臘所有的軍隊都集中在女神阿耳特彌斯的聖林裡。祭台已經搭好，祭司和預言家卡爾卡斯站在祭壇旁。伊菲革涅亞在一群使女的陪同下走進聖林，步伐堅定地朝父親走去，阿加曼農垂下了目光。伊菲革涅亞走到他面前說：「親愛的父親，我遵從神諭，為了軍隊，為了祖國，在女神的祭壇前獻出我的生命。我很高興，但願你們都能幸運而又勝利的返回故鄉！」

　　軍隊中又響起一陣讚歎的低語聲，傳令使塔耳堤皮奧斯叫大家肅靜並祈禱。預言家卡爾卡斯抽出一把鋒利而雪亮的鋼刀，將它放在祭壇前的金匣子裡。這時，阿基里斯出現了，他像祭司一樣的祈禱，士兵們全都默默的聽著，並低頭致敬。卡爾卡斯拿著鋼刀，念著禱詞，大家清楚的聽到他揮刀的聲音，可是這時出現了奇蹟！伊菲革涅亞在全軍面前突然不見了。原來阿耳特彌斯憐憫她，將她帶走了，代替她的是一隻美麗的牝鹿躺在地上，在祭壇前的血泊中掙扎。

　　大家知道這是女神送來的，女神被他們感動了。大家發出歡呼聲，離開了聖林，回去整裝待發。等到阿加曼農完成了祭禮回來時，他的妻子早已在回邁肯尼的路上了。

30

阿基里斯和埃阿斯
的戰果

阿加曼農獻祭之後，希臘人終於順利出發，他們一路上順風順水，直達特洛伊城。他們就在特洛伊城前安營紮寨。

希臘人駐紮在特洛伊城前，並未鬆懈，他們日日夜夜加緊操練。城內的居民因為養精蓄銳，所以很少出擊。

久圍不攻會使很多人喪失戰鬥的信心，於是，希臘人組織兵力轉而襲擊特洛伊附近的地區。

阿基里斯率領船隊從海上攻破了十二個城市，還從陸上攻擊了十一座城池。在討伐密西埃的戰爭中，他劫持了祭司克律塞斯的美麗的女兒克律塞伊斯。攻佔呂耳納索斯時，他攻佔了王宮，逼得國王兼祭司勃里塞斯走

投無路，自殺身亡。國王的女兒勃里撒厄斯，又叫布洛達彌亞成了他的戰利品，被他帶回，成為他最寵愛的奴隸。

阿基里斯對此並不滿足，他還帶兵攻擊列斯堡島和位於西埃的普拉科斯山麓的底比斯城。底比斯國王厄厄提翁是普里阿摩斯的親家，他的女兒安德洛瑪刻嫁給了特洛伊著名的英雄赫克托耳。阿基里斯攻進王宮時，他殺掉了厄厄提翁和他的七個兒子。厄厄提翁身材高大，相貌威嚴，讓人望而生畏，年輕的阿基里斯也在他的屍體前感到恐懼，不敢摘下死者的武器作為戰利品。於是，為了表示尊敬，他派人把國王穿戴閃亮盔甲的屍體火化，並造了一座巨墳將他埋葬，四周是高大繁茂的榆樹。

國王厄厄提翁的妻子，即安德洛瑪刻的母親，被他擄走為奴。後來阿基里斯得到一大筆贖金，才將她釋放回國。她回國後，坐在紡車前紡紗，卻被女神阿耳特彌斯的神箭射中而死。國王的駿馬佩達索斯也被阿基里斯奪走，這匹馬強健有力，奔跑飛快，能與他的神馬媲美，後來，這兩匹馬在戰爭中給了阿基里斯很大的幫助。他還從國王的武器庫中帶走了許多珍貴的戰利品，其中有一隻巨大的鐵餅，它的鐵如果製成一個農民的農

具,那麼足夠他用十年。

除了阿基里斯以外,希臘人中另一個勇猛的英雄是特拉蒙的兒子埃阿斯。他以掠奪城市而聞名。他率領戰船一直到達色雷斯半島。這裡有國王波林涅斯托耳的王宮。特洛伊國王普里阿摩斯把自己寵愛的小兒子波呂多洛斯送到這裡,以免他遭到戰禍。為報答色雷斯國王對自己兒子的撫育,普里阿摩斯送給國王許多黃金和珠寶。然而色雷斯國王是個不講信義的人。

當埃阿斯打到城下時,他用這些黃金珠寶和波呂多洛斯向埃阿斯求和。他不僅出賣了同普里阿摩斯國王的友誼,而且把收到的撫育波呂多洛斯的錢和穀物散發給希臘士兵。然而埃阿斯並沒有對他手下留情,他洗劫了色雷王國的財產。

埃阿斯並沒有帶著戰利品馬上駛回希臘,他又向夫利基阿海岸進發。他猛烈攻擊特耳特拉斯的王國,並在對陣中殺死了國王,搶走了他的女兒特克墨薩。她是個尊貴而美麗的女子,氣質優雅。埃阿斯仰慕她的美貌和氣質,便將她留在身邊,待她如同妻子一般。但是希臘人的習俗是不允許和野蠻人結婚的,所以埃阿斯只能把她當成妻子一樣對待,而不能正式娶她。

阿基里斯和特拉蒙的兒子從征戰中滿載而歸。他們

率領戰船同時到達特洛伊城外的軍營。希臘人熱烈的歡
迎他們的英雄，並圍住了兩位英雄，把橄欖枝的花冠戴
在他們的頭上，圍著他們載歌載舞，以此嘉獎他們取得
的勝利。

英雄們聚在一起，商量如何分配他們帶回的戰利
品。希臘人把戰利品看成是他們的財產。現在女俘虜們
被推到面前，她們的美貌令人稱讚。阿基里斯理所當然
地分到了勃里塞斯的女兒；埃阿斯也有權得到特耳特拉
斯國王的女兒特克墨薩。

阿基里斯還被允許留下勃里撒厄斯的使女狄俄墨
德，因為她不願離開從小在一起長大的國王的女兒，所
以跪倒在阿基里斯的面前，含著眼淚苦苦哀求，不要讓
她離開她的女主人，終於得到了允許。

祭司克律塞斯的女兒克律塞伊斯被贈給阿加曼農，
這樣才能表示對他的王權的尊重。阿基里斯自然也同意
割愛。其他的一些戰利品，無論是女俘還是搶來的財
產，都在士兵中平均分配。

由於奧德修斯和狄俄墨德斯的提議，從埃阿斯船上
卸下的國王波林涅斯托耳的財產歸埃阿斯，但阿加曼農
自然也從中分到大量的金銀財寶。

31

阿基里斯的憤怒

戰爭進入了第十年。希臘英雄埃阿斯向沿岸各地出征後又滿載戰利品回來，他們帶著從色雷斯國王那兒俘虜來的普利阿摩斯的小兒子波呂多洛斯到特洛伊交涉，希望能換回海倫，但希臘的使者遭到了侮辱，所以希臘人便當著特洛伊的惡人的面，用殘酷的手法殺害了波呂多洛斯。

波呂多洛斯的被害，這更激起了雙方瘋狂的仇恨，連天上的神祇也介入了人間的這場紛爭。一部分神祇反對希臘人的殘暴，同情特洛伊人；另一部分神祇則決定保護希臘人。赫拉、雅典娜、赫爾墨斯、波塞冬、赫淮斯托斯站在希臘人一邊；阿瑞斯和阿佛洛狄特則幫助特洛伊人。所以在特洛伊戰爭的第十年是關鍵的一年。

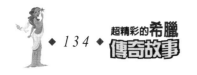

　　希臘人的使節從特洛伊回來後，對特洛伊人的威脅，希臘人不敢鬆懈，準備迎接決戰。正在這時，阿波羅的祭司克律塞斯向軍營走來。他的女兒曾被阿基里斯搶走，後來又被送給阿加曼農。

　　為了贖回自己的女兒，他手執一根和平的金杖，杖上纏著祭獻阿波羅的橄欖枝，並帶來了一大筆贖金，前來懇求希臘人歸還他的女兒。士兵們聽了他的敘述，熱烈鼓掌表示接受他的要求。但國王阿加曼農卻快快不樂。他不願意失去美麗的女奴，他嚴厲的呵斥阿波羅的祭司克律塞斯。

　　克律塞斯順從的退了出來，默默的來到海岸上，向天舉起雙手，祈求說：「阿波羅啊，你是統治這麼大一塊地方的神，請聽我的申訴吧！多少年來，我為你清潔神廟，給你選擇祭品，獻祭給你，我祈求你為我報復亞各斯人，讓他們知道你的金箭的厲害。」

　　他大聲祈禱，阿波羅聽到了他的請求，便憤怒的離開了奧林匹斯聖山。他肩上背著弓和裝滿箭的箭袋，臉色陰沉的來到希臘人的軍營上空，把毒箭一支支的射下去。中了箭的都患了瘟疫，悲慘的死去。開始時，阿波羅只是射擊牲口和狗。後來，他也射擊人，被射中的人一個個死去。營地上火化屍體的柴火日夜燃燒。瘟疫蔓

延了九天，第十天，阿基里斯受到赫拉的啟示，才召集
會議。他徵詢意見，希望請教一名祭司，一名占卜者或
釋夢的人，看他們有什麼辦法可以平息阿波羅的怒火，
消滅軍中的災難。

隨軍預言家卡爾卡斯，能從鳥飛中得到預兆，說：
「神祇並不是因為我們不守誓言和不獻祭而生氣。他憤
怒是因為阿加曼農凌侮他的祭司。如果我們不把他的女
兒還給他，阿波羅就不會善罷干休，他將繼續給我們降
下災難。」

阿加曼農聽到這話熱血沸騰，眼中閃出怒火，咄咄
逼人的對他說：「你這個不祥的預言家，從來沒有對我
說過一句中聽的話。你現在又來蠱惑眾人，說阿波羅給
我們降下瘟疫之災，是因為我拒絕了克律塞斯贖取女
兒。確實，我願意將她留在這裡。但是，為了使士兵們
免受瘟疫之災，我願意把她交出來。當然，有一個條
件，我要求有一件禮物，用來跟她交換！」國王講完了
話，阿基里斯回答說：「不朽的阿特柔斯的兒子，貪婪
驅使著你要求向亞各斯人索取和交換戰利品。可是，我
們從被征服的城市掠來的戰利品早已分光了，現在當然
不能把分給每個人的東西再要回來。因此，請放掉祭司
的女兒吧！如果宙斯保佑我們攻佔了特洛伊城，我們願

意三倍、四倍的補償給你！」「勇敢的英雄，」國王大聲對他說，「別想來騙我了！你以為你可以把自己的戰利品保存得好好的，而我就會順從的聽你的吩咐，把戰利品交出來嗎？不！希臘人不給我補償，那麼我就從你們的戰利品中奪取我所需要的東西。不管那是屬於埃阿斯、奧德修斯，還是你阿基里斯的，也不管你們生多大的氣，我都不在乎。但這事我們留待以後再說。你們先去準備一條大船和祭品，把克律塞斯的女兒送上船，並派一位王子，我的意思是你，阿基里斯，親自押運這艘船！」

阿基里斯怒氣沖沖的說：「無恥而自私的君王吶！希臘人還有誰願意聽從你的指揮？特洛伊人並沒有得罪我，但我跟隨你，幫助你，為了給你的兄弟墨涅拉俄斯報仇。現在你忘恩負義，想要奪取我的戰利品。你可知道，這些都是我奪來的，是希臘人分給我的！我攻佔了一座座城市，但我所得到的戰利品都不如你的多。我一直承擔最艱巨的戰鬥任務，但在分戰利品時，你卻獲得最好的一部分。好吧，我現在回家鄉夫茨阿去！沒有我在這裡，看你能積聚多少財富！」

「好吧，那就請便吧！」阿加曼農大聲說，「沒有你，我仍有足夠的英雄；有了你，總是引起爭端！現

在，我得告訴你，我雖然可以把克律塞斯的女兒還給他，但我卻要從你的營帳裡領出可愛的勃里撒厄斯以作補償，並要讓你明白，我畢竟比你高貴，也以此警告別人，不要像你一樣違背我的意志！」

阿基里斯被激怒了。他在考慮是拔出劍來殺死這個阿特柔斯的兒子，還是暫且忍耐。正在這時，女神雅典娜悄悄的出現在他的身後，輕聲說：「你要鎮靜，別動用寶劍！如果你能聽話，我將給你三倍的賞賜！」

阿基里斯順從的把劍又推回劍鞘裡，但用憤怒的語言回答說：「你這個卑鄙的人，你何時想到應該在戰場上同希臘最高尚的英雄們一起同敵人拚鬥？當然，在這兒從一個敢於頂撞你的人手裡搶奪他的戰利品，那是一件很輕鬆的事！我指著這根王杖對你發誓：正如這根權杖不能再像樹枝發芽抽葉一樣，從現在起，你休想看到我再到戰場拚殺了！當凶狠的赫克托耳像割草一樣屠殺希臘人時，你也休想我來救你了。即使你將來悔恨不該冒犯我的尊嚴也毫無用處了！」說完，阿基里斯把他的權杖扔在地上，坐了下去。正直的涅斯托耳竭力勸說雙方和解，但仍然無效。

散會後，阿加曼農命令將克律塞斯的女兒和祭品送上船，由奧德修斯押運回去。然後，這個阿特柔斯的兒

子又命令傳令官塔耳堤皮奧斯和歐律巴特斯，從阿基里斯的營房裡把勃塞斯的女兒帶來。他們不敢違抗主人的命令，不情願的來到營地，他們看到阿基里斯坐在營房門口，因為心裡膽怯，不敢開口說出他們的來意。但阿基里斯已經猜到了他們此來的目的，便說：「你們不必煩惱，你們是宙斯與凡人的傳令官，請過來吧，這不怪你們，這是阿加曼農的過錯！好朋友帕特洛克羅斯，快把她請出來，交給他們帶回去！不過，我要你們在神祇和凡人面前作證，如果將來有人要我援助而遭到拒絕，那就不能怪我，而應責備阿特柔斯的兒子！」

帕特洛克羅斯把女子帶了出來。她很不情願的跟兩個傳令官走去，因為她已經愛上了寬厚溫良的主人。阿基里斯含著眼淚坐在海岸上，注視著深色的海水，呼喊著母親特提絲幫助他。

果然，從大海深處傳來了母親的聲音：「唉，我的孩子，是我生下了你；你的生命是如此短暫，但你卻要忍受這麼多的苦難和侮辱！我親自去找雷神，請他幫助你。現在你暫且留在戰船附近，不要理睬他們，也不要去參加戰事。」

奧德修斯來到卡律塞島，把女子還給克律塞斯。這祭司驚喜交加，朝天舉起雙手，感謝神恩，並請求阿波

羅終止給希臘人降災。果然，他的祈禱奏效了，瘟疫立刻停止流行。奧德修斯駕船回到營中，看到所有的病人都已復原。

特提絲穿過早晨的薄霧，從海面上升，來到奧林匹斯聖山。她看到宙斯坐在高山頂上，特提絲坐過去，用左手抱住他的雙膝，右手撫摸他的下巴，說：「父親喲，如果我曾經在口頭上和行動上侍奉過你，那麼請准許我向你祈求：請看顧我的兒子吧，因為命運女神要他的榮譽過早的枯萎。阿加曼農肆意的侮辱他，剝奪了他的戰利品，因此祈求你，萬神之父，給特洛伊人降福吧，讓他們持續勝利，直到希臘人把榮譽重新還給我的兒子為止！」

宙斯只是以垂下眉毛示意，但奧林匹斯聖山，已經震動起來。特提絲滿意的離開了宙斯，回到大海裡。但赫拉卻埋怨宙斯。宙斯平心靜氣的對她說：「別來反對我的決定。別多嘴，聽從我的命令。」赫拉聽到他的話，感到害怕，不敢再反對他的決定。

32 兩軍大戰

　　神祇們在奧林匹斯聖山上集會，他們俯視著特洛伊城，宙斯和赫拉決定毀滅特洛伊城。萬神之父命令女兒雅典娜即刻去特洛伊戰場，慫恿特洛伊人破壞誓約，並侮辱正在慶祝勝利的希臘人，挑起他們的爭端。

　　帕拉斯・雅典娜變成安特諾爾的兒子勞杜科斯混在特洛伊人中間。她找到了呂卡翁的兒子潘達洛斯，他是個高傲的人而且做事不用大腦，雅典娜覺得他非常適合完成宙斯交給的任務。他是特洛伊人的盟友，率領士兵從呂喀亞趕來參戰。

　　女神拍著他的肩膀說：「聽著，潘達洛斯，現在正是你建功立業，讓特洛伊人永遠感謝你的時候，特別是

帕里斯，他一定會對你厚禮相報。你看，站在那裡的墨
涅拉俄斯一副傲慢的樣子，多令人討厭！為什麼不向他
射出一支冷箭，你敢嗎？」化裝了的女神的話，說得愚
蠢的潘達洛斯竟然動了心。他拿起弓，從箭袋裡抽出一
支翎箭，扣緊弓弦，「嗖」的一聲向對方射去。箭飛越
空中，但雅典娜卻引導它，射中墨涅拉俄斯的腰帶。箭
鏃穿過皮革，透過鎧甲，只劃破了表皮，但傷口裡卻湧
出了鮮血。

　　阿加曼農和夥伴們驚慌的圍著他。「敵人違背了誓
約，」國王叫道，「他們想將你害死。如果我失去了
你，這叫我多悲痛啊。」墨涅拉俄斯安慰他的哥哥。
「請放心，飛箭沒有給我造成致命傷。我的腰帶保全了
我。」

　　阿加曼農立即派人去找神醫馬哈翁。他急忙趕來，
從墨涅拉俄斯的腰帶上拔下箭鏃，然後解開腰帶，仔細
查看傷口並敷上止痛膏。

　　當醫生和英雄們正忙著照顧受傷的墨涅拉俄斯的時
候，特洛伊的士兵已衝了過來。希臘人急忙拿起武器抵
抗。阿加曼農把戰車交給歐律墨冬，自己則跟士兵們一
起步行作戰。希臘人士氣大振。

　　希臘人一隊一隊的衝上戰場，井然有序。特洛伊人

卻像一群咩咩叫的綿羊喧嘩叫嚷，各種語言混雜在一起。神祇們也在呼喚，戰神阿瑞斯鼓勵特洛伊人奮勇前進。帕拉斯·雅典娜煽起希臘人復仇的怒火。兩軍的血戰在所難免。

雙方激烈的廝殺起來。盾牌碰撞，長矛交錯。戰場上殺聲震天。特洛伊人埃刻波羅斯衝在最前面，殺入敵群，不料被涅斯托耳的兒子安提羅科斯用矛刺中前額，倒在地上，成為第一個陣亡的特洛伊英雄。

希臘王子埃勒弗諾阿即刻上去抓住他的一隻腳，想把他拖過來，剝下他的盔甲。正當他彎腰拖他時，沒有提防，被特洛伊人阿革諾耳刺中腰部，頓時倒在血泊中，他也陣亡了。

戰鬥越來越激烈，埃阿斯揮起長矛朝衝來的西莫伊西俄斯當胸一刺，矛尖從前胸刺進，從背部穿出。西莫伊西俄斯踉踉蹌蹌，倒在地上。埃阿斯撲上去，剝下他的盔甲。特洛伊人安提福斯見狀順手擲出一槍。埃阿斯及時躲過，他身旁的琉科斯卻被擊中。

琉科斯是奧德修斯的朋友，一位勇猛的戰將。奧德修斯見他親密的朋友被刺死，悲憤萬分。他仔細的觀察周圍，擲出他的槍，但安提福斯躲閃過去。投槍擊中了國王普里阿摩斯的私生子特摩科翁，槍尖穿透了他的太

陽穴，他轟然一聲，倒在地上死了。

特洛伊的前鋒嚇得連忙後撤。赫克托耳也身不由己的往後撤退。希臘人大聲歡呼，把屍體拖到一旁，深入到特洛伊人的陣地。

阿波羅很惱怒，鼓勵特洛伊人前進。「你們不要輕易的放棄陣地！他們沒有那麼厲害，他們當中最勇敢的英雄阿基里斯並沒有參加作戰。」在另一方，雅典娜鼓勵希臘人奮勇衝擊。因此，雙方的英雄們死傷很多。

戰爭進入白熱化的階段。這時候，帕拉斯‧雅典娜大顯神通，她給堤丟斯的兒子狄俄墨德斯注入神奇的力量，驅使他深入敵陣，衝得敵人亂成一團。

在特洛伊人中有一個富裕而有權勢的人，名叫達勒埃斯，他是赫淮斯托斯的祭司。他把兩個勇敢的兒子送上戰場，兩個兒子名叫菲格烏斯和伊特俄斯。他們兩人駕著戰車正好遇上徒步作戰的狄俄墨德斯。

菲格烏斯朝他投槍，槍從狄俄墨德斯的左肩下穿過，沒有傷到他。狄俄墨德斯回手擲去一槍，刺中菲格烏斯，把他挑下戰車。伊特俄斯看到這情景，嚇得跳下戰車奔逃，但他父親的保護神赫淮斯托斯立刻趕來，降下黑霧遮住了他，因為赫淮斯托斯不想讓他的祭司一下子失掉兩個兒子。

　　這時候，雅典娜握住戰神阿瑞斯的手，對他說：
「兄弟，我們最好暫時別去插手特洛伊人和希臘人的戰
事，讓他們各自作戰，看我們的父親希望哪一方得勝。」
阿瑞斯點點頭，聽從她的話，和她離開了戰場。看起
來，兩方面的凡人似乎脫離了神祇的操縱，但雅典娜明
白，她的愛將狄俄墨德斯還帶著神力留在那裡。亞各斯
人又對敵人發起衝鋒，阿加曼農追趕著荷迪奧斯，一槍
刺中他的肩頭；伊多墨紐斯戳倒菲斯托斯；機靈的斯康
曼特律奧斯被墨涅拉俄斯一槍擊倒；為帕里斯營造船隻
的菲勒克洛斯也被邁里俄納斯殺死。此外還有許多特洛
伊人在希臘人的手下喪命。

　　狄俄墨德斯左衝右突，一會兒在這兒，一會兒在那
兒，甚至看不出他究竟是希臘人，還是特洛伊人。潘達
洛斯瞄準他拉起了弓，一箭射去，射中他的肩部，鮮血
染紅了他的鎧甲。潘達洛斯大聲歡呼，鼓勵他的士兵們
說：「前進，特洛伊人！我已經射中最勇敢的希臘人，
他馬上就會倒下！」

　　但狄俄墨德斯並沒有受到致命傷，他仍然站在戰車
的前面，對他的御者斯特涅羅斯說：「朋友，快從車上
下來，給我拔出肩上的箭！」斯特涅羅斯照他的吩咐做
了：鮮血從傷口飛濺出來。

　　狄俄墨德斯向雅典娜祈禱：「宙斯的藍眼睛女兒，你過去曾保護過我的父親，現在也請你保護我！保佑我的長矛能刺中那個傷害我，並在得意忘形的人，讓他再也見不到陽光！」

　　雅典娜聽到他的祈求，給他增添了力量。他感到身輕如燕，傷口也不再疼痛，他又投入了戰鬥。雅典娜對狄俄墨德斯說，「我已摘除了遮在你眼前的黑幕，現在你在戰場上可以分辨出凡人和神祇，你要記住，如果有神祇朝你走來，你就大膽的跟他一起去戰鬥！但阿佛洛狄特除外，如果她靠近你，你的矛就不要放過她！」

希臘人的兩次潰敗

在數次的交戰中，特洛伊人一直沒佔到什麼便
宜，但希臘人也攻不下特洛伊城，而奧林匹
斯山上的諸神卻鉤心鬥角。宙斯聽了阿基里斯的母親特
拉絲的請求，他改變了主意。「你們聽著，」第二天清
晨，他對前來聖山開會的諸神和女神們說，「今天有誰
膽敢幫助特洛伊人或者希臘人，我就把他扔入塔耳塔洛
斯地獄，使他永遠也回不了聖山。」

神祇們聽到宙斯憤怒的話，吃了一驚。但宙斯卻乘
著他的雷霆金車，駛往愛達山去了，他坐在高高的山頂
上，威嚴的俯視下方的特洛伊城和希臘人的營地。他看
到雙方士兵正在忙碌，準備戰鬥。特洛伊人數量不如對
方多，可是他們也在踴躍備戰，他們明白這一仗關係著

他們父母妻兒的安危。不久，城門大開，他們的軍隊吶喊著衝了出來。早晨，雙方殺得難解難分，互有傷亡，但還是不分勝負。到了中午，太陽當空時，宙斯將兩個死亡的籌碼放在黃金的天秤的兩端，在空中稱，希臘人的這一邊朝下傾斜，而特洛伊人的一邊卻高高的向天空舉起。

宙斯立即用一道閃電落在希臘人的軍隊中間，宣告他們命運的改變。

這個凶兆威懾著希臘人，英雄們都感到沮喪。只有年邁的涅斯托耳仍在前線。帕里斯一箭射中他的馬，這匹馬驚恐的倒在地上打滾。涅斯托耳揮舞寶劍正想割斷第二匹馬的纜繩時，赫克托耳駕著戰車朝他猛撲過來。狄俄墨德斯及時趕來救了他。

狄俄墨德斯大聲勸阻奧德修斯不要逃跑，但勸阻不了他。於是他來到涅斯托耳的馬前，將涅斯托耳的馬交給斯特涅羅斯和歐律墨冬，然後把老人抱上了自己的戰車，朝赫克托耳駛去。他向對方投去他的矛，雖沒有打中赫克托耳，卻刺穿了御者厄尼俄潑烏斯的胸膛。赫克托耳喚來另一個御者，又朝狄俄墨德斯衝了過來。

宙斯知道，赫克托耳如果跟堤丟斯的小兒子較量，那一定會喪命。他一死，戰局就會發生變化，希臘人就

會在當天攻破特洛伊。宙斯不願意這事發生，他隨即朝狄俄墨德斯的車前扔去一道閃電。涅斯托耳嚇得連韁繩都從手上滑掉，狄俄墨德斯猶豫著，思考再三，想掉轉馬頭和嘲笑自己的人較量，但宙斯也一連三次從愛達山上扔下炸雷。因此，他決定還是逃跑。赫克托耳則在後面緊追不捨。

赫拉看到這一切，萬分焦急，想說服希臘人的保護神波塞冬，援救希臘人，但沒有成功，因為波塞冬不敢違抗兄長的意志。這時，希臘人兵敗如山倒，紛紛逃回營地，上了戰船。阿加曼農披著閃閃發光的紫金戰袍，站在甲板上，看著下面營房裡的希臘人，一片慌亂逃跑的景象大聲喊道：「可恥啊！你們的勇氣到哪去了？我們居然輸給了一個人，赫克托耳一個人就把我們打退了。他馬上會焚燒我們的戰船，啊！宙斯啊，別讓特洛伊人在這裡征服我吧！別讓我遭萬人唾罵，成為千古罪人吧！」說到這裡，阿加曼農聲淚俱下。

萬神之父憐憫他，從天上給希臘人顯示了吉兆，這是一頭雄鷹翱翔在天空中，爪下抓著一隻幼鹿，將它扔在宙斯的神壇前。

希臘人看到這吉兆，又鼓起勇氣，重又聚集起來，頑強抵抗蜂擁而來的敵人。雙方又廝殺在一起。宙斯又

鼓起特洛伊人的勇氣。赫克托耳發出雷鳴般的吼聲，瞪著一雙直冒火星的眼睛，追擊著希臘人。希臘人驚恐萬分的逃跑，痛苦的祈求神祇保護。赫拉和雅典娜企圖讓阻止宙斯，但是沒有成功，她們只能眼睜睜的看著希臘人潰敗下去。宙斯不聽妻子和女兒的懇求。「明天特洛伊人將取得更大的勝利。」他對赫拉說，「強大的赫克托耳將把希臘人一直趕到船尾，希臘人在絕望之際，將重新請出受盡凌辱的阿基里斯，這就是命運女神的安排！」赫拉聽了一聲不吭，她十分悲傷。

希臘人進攻特洛伊以來第一次的潰敗，大家都很悲痛。這時候大家都希望阿加曼農去跟阿基里斯和解，希望受了委屈的阿基里斯回來。阿加曼農也同意向阿基里斯道歉，並獻上貢品。但是阿基里斯不原諒他們，他不想回來幫助希臘人。希臘的使者無功而返。

第二次交戰的時候到了。清晨，阿加曼農命令士兵們穿上鎧甲，他自己也穿上他漂亮的金光閃閃的鎧甲，拿起兩支尖利的長槍，大步的走上戰場。

特洛伊人密密麻麻的站在對面的山堆上，他們的首領是赫克托耳、波呂達瑪斯、埃涅阿斯，後面還有波呂波斯、阿革諾耳和阿卡瑪斯，他們三人都是安特諾爾的兒子。赫克托耳穿一身金甲，渾身閃亮，猶如夜空的巨

星。

特洛伊人與希臘人凶狠的廝殺起來，如同一隻隻餓狼。希臘人首先突破了對方的陣地。阿加曼農挺槍刺死皮亞諾耳王子和他的御者。希臘人進入了敵方的縱深地帶。

在激烈的鏖戰中，宙斯親自保護赫克托耳，使他不受到流矢的傷害。宙斯派出神祇的女使伊里絲吩咐他儘快從戰鬥中脫身，讓其他人抗擊，直到阿加曼農受傷為止。到那時，萬神之父會親自引導他取得勝利。赫克托耳遵從了神祇的吩咐，他在後衛線上不斷的鼓勵士兵們勇猛的向前衝殺。

阿加門農仍然奮不顧身的往前衝，一直深入到特洛伊人及其盟軍的隊伍中。不幸的是，阿加曼農的閃亮的盔甲不能長久的保護他，他被刺傷了，阿加曼農不顧傷口裡鮮血直淌，繼續奮勇作戰，直到血液凝結時，他才感到錐心的疼痛，被迫跳上戰車，離開戰場，飛快的駛向營地。

赫克托耳看到阿加曼農撤離了戰場，他想起了宙斯的命令，於是奔到特洛伊人的前鋒隊伍中，大聲呼喊：「朋友們，你們建功立業的時刻到了！希臘人中最勇敢的英雄離開了戰場，宙斯將使我們得到勝利，前進，衝

進丹內阿人的隊伍，衝啊！」他一邊喊，一邊像一陣旋風似的向前衝鋒。不久，狄俄墨德斯被帕里斯，從後面一個冷箭射中了腳跟，而奧德修斯也在被圍攻時受了傷，就連前來救助的醫生馬哈翁也被射了一箭。

只有埃阿斯還在奮力拚殺，赫克托耳在希臘人中勇猛攻擊。他記住宙斯的警告，避開與埃阿斯作戰。同時萬神之父也讓埃阿斯的心裡產生了恐懼，因此他看到赫克托耳逼近，便背起盾牌，朝戰船撤去。

特洛伊人看見他逃跑，便紛紛朝他背在背上的盾牌投擲長矛。可是，只要他轉過身來，他們又驚懼的逃跑。埃阿斯來到通向戰船的小路上，這時他停下來守住路口，抗擊擁來的特洛伊人。

希臘人又一次遭受了大潰敗的命運。

阿基里斯知道他的朋友們和同胞們，在接連的潰敗中都受了傷時，心情無比的悲痛，他開始同情希臘人，他想到了要重回戰場。

34

阿基里斯之死

希臘人接連遭受了兩次重創，狄俄墨德斯、奧德修斯和阿加曼農都受了槍傷；歐律帕洛斯也被箭射中了大腿。他們都在接受治療，不能直接參戰。只有埃阿斯還在堅持，但是只有一個人，勢單力薄，難以阻擋特洛伊人的攻勢。最後，阿基里斯的朋友帕特洛克羅斯忍不住了，他上了戰場，但是很不幸，他死在了戰場上。阿基里斯無比的悲痛，他決定重新武裝，再上戰場。

阿加曼農也跟阿基里斯和解了，希臘人有了英雄阿基里斯，又士氣大振，重新整裝，英勇無比。此次，奧林匹斯山上的諸神也加入了戰鬥，所以大地上混戰一團，有人和神祇的戰鬥，有神祇和神祇之間的混戰，在

混戰中特洛伊國王普里阿摩斯，最英勇的兒子赫克托耳也英勇的死在了阿基里斯手裡。而阿基里斯的朋友也倒在了敵人的箭下。

阿基里斯的心情卻難以平靜，他對朋友的死感到悲憤。天剛破曉，他就撲向特洛伊。特洛伊人雖然害怕阿基里斯，但仍渴求戰鬥，他們從城垣後衝了出來。不久，雙方又開始了激烈的戰鬥。阿基里斯殺死了無數的敵人，把特洛伊人一直趕到城門前。他深信自己的力量超人，正準備推倒城門，撞斷門柱，讓希臘人擁進普里阿摩斯的城門。

福玻斯・阿波羅在奧林匹斯聖山上看到特洛伊城前屍橫遍野，血流成河，十分惱怒。他猛的從神座上站起來，背上背著盛滿百發百中的神箭的箭袋，向珀琉斯的兒子走去。他用雷鳴般的聲音威嚇他說：「珀琉斯的兒子！快快放掉特洛伊人！你要當心，否則一個神祇會要你的命！」

阿基里斯聽出這是神祇的聲音，但他毫不畏懼。他不顧警告，大聲的回答說：「為什麼你總是保護特洛伊人，難道你要迫使我與神祇作戰嗎？上一次你幫赫克托耳逃脫死亡，為此我很憤怒。現在，我勸你還是回到神祇中去，否則，哪怕你是神祇，我的長矛也一定會刺中

你!」

說著,他轉身離開了阿波羅,仍去追趕敵人。憤怒的福玻斯隱身在雲霧裡,拉弓搭箭,朝著珀琉斯的兒子最容易傷害的腳踵射去一箭,阿基里斯感到了一陣鑽心的疼痛,像座塌倒的巨塔一樣栽倒在地上。

他憤怒的叫罵起來:「誰敢在暗處向我卑鄙的放冷箭?如果他膽敢面對面地和我作戰,我將叫他鮮血流盡,直到他的靈魂逃到地府裡去!懦夫總是在暗中殺害勇士!我可以對他明確的說這些話,即使他是一個神祇!我想,這是阿波羅做的好事。我的母親特提絲曾經對我預言,我將在中央城門死於阿波羅的神箭。恐怕這話要應驗了。」

阿基里斯一面說,一面呻吟著從不可治癒的傷口裡拔出箭矢,憤怒的把它摔開。他看到一股污黑的血從傷口湧出來。阿波羅將箭拾起,由一片雲霧遮掩著,又回到奧林匹斯聖山。到了山上,他鑽出雲霧,又混入奧林匹斯的神祇中。

赫拉看到他,責備地說:「福玻斯,這是一種罪過!你也參加了珀琉斯的婚禮,像其他神祇一樣也祝福他的未來的兒子。現在你卻袒護特洛伊人,想殺死珀琉斯的唯一的愛子。你這樣做是出於嫉妒!今後你怎樣去

見涅柔斯的女兒呢？」

　　阿波羅沉默著，他坐在神祇們的一側，低垂著頭。有些神祇對他的行為感到惱怒，有些則心裡感謝他！但在下界，阿基里斯的肢體裡熱血沸騰，他抑制不住戰鬥的慾望，沒有一個特洛伊人敢靠近這個受傷的人。阿基里斯從地上跳起來，揮舞著長矛，撲向敵人。可是他感到肢體在逐漸變冷。阿基里斯不得不停住腳步，用長矛支撐著身體。

　　他雖然不能追擊敵人，但發出了如雷的吼聲，特洛伊人聽了仍嚇得拚命逃跑。「你們去逃吧！即使我死了，你們也逃不了我的投槍。復仇女神仍會懲罰你們！」突然，他的肢體僵硬起來。他倒在其他屍體的中間。他的盔甲和武器掉在地上，大地發出沉悶的轟響。

　　阿基里斯的死敵帕里斯第一個看見他倒了下去。他喜出望外，不由得歡呼起來，即刻激勵特洛伊人去搶奪屍體。許多原來見了阿基里斯的長矛都趕快逃避的人都圍攏過來，想剝取他的鎧甲。但埃阿斯揮舞長矛守護著屍體，逐退逼近的人，他還主動的朝特洛伊人進攻。

　　和埃阿斯一起戰鬥的還有奧德修斯和其他的丹內阿人。可是特洛伊人也在頑強地抵抗。帕里斯大膽的舉起長矛，瞄準埃阿斯投去。但埃阿斯躲過了，順手抓起一

塊石頭猛的砸了過去，打在帕里斯的頭盔上，使他倒在
地上，他的箭袋裡的箭散落一地。他的朋友們趕快把他
抬上戰車。帕里斯仍在呼吸，但很微弱，由赫克托耳的
駿馬拖著戰車朝特洛伊飛奔而去。

　　趁著戰鬥的空隙，丹內阿的王子們把阿基里斯的屍
體抬回戰船。他們圍著他，放聲痛哭。希臘人哀悼他們
的偉大英雄的悲哭聲傳到了海底，阿基里斯的母親特提
絲和涅柔斯的女兒們聽到了也放聲痛哭。

　　希臘人給他們的英雄舉行了隆重的葬禮，遵照宙斯
的旨意，風神埃洛斯送出了急風，呼嘯著煽起沖天的火
焰，木柴堆燒得辟啪作響。屍體化為灰燼。英雄們用酒
澆熄了餘燼。在灰燼中阿基里斯的骸骨清晰可辨，如同
一位巨人的骨架。

　　他的朋友們撿起他的遺骸，裝進一個鑲金嵌銀的盒
子中，並安葬在海岸的最高處，和他的朋友帕特洛克羅
斯的屍骨並排。然後他們建起了一座墳墓。

　　阿基里斯的兩匹神馬大概感覺到主人已死，便掙脫
了軛具，不願接受別人的駕馭，現在誰也難以馴服它們。

帕里斯之死

特洛伊戰爭持續了很長時間,其中戰爭的罪魁禍首也是最大的受益者帕里斯也死在這場戰爭中。他是死在被希臘人拋棄的菲羅克特特斯手中。

希臘人出發後來到卡律塞島,菲羅克特特斯在島上發現一座倒塌的祭壇,這是阿耳戈英雄伊阿宋在航行途中為女神帕拉斯·雅典娜建立的。

這位虔誠的英雄發現了這座祭壇感到很高興,他想給希臘人的保護女神獻祭。正在這時,一條看守聖壇的大蛇在英雄的腳跟上咬了一口。他受了重傷,被抬上戰船,船又起航了。可是菲羅克特特斯的傷口卻腫了起來,疼痛難忍。同船的士兵也無法忍受化膿傷口的惡臭,他大聲叫痛的呼喊聲也擾得其他人不得安寧。

　　最後，阿特柔斯的兒子們與狡黠的奧德修斯祕密商議處置的辦法。他們決定把可憐的英雄遺棄在雷姆諾斯島的荒無人煙的海灘上。

　　狡猾的奧德修斯被選定來執行這個任務。他把睡著的菲羅克特特斯裝上一條小船，划到海灘邊，把他放在一座巖洞裡，給他留下足夠的衣服和食物。等到不幸的菲羅克特特斯被遺棄在荒島後，奧德修斯划著小船回來了。他們又繼續航行。

　　希臘人看見載著菲羅克特特斯的船駛進港口。他們歡呼著朝海邊奔去。他們救了菲羅克特特斯。阿特柔斯的兒子們看到這奇蹟，也驚訝不已。

　　菲羅克特特斯吃飽喝足後，精神抖擻。阿加曼農走近他，握著他的手，內疚地說：「親愛的朋友，由於我們一時糊塗，將你遺棄在雷姆諾斯島，但這也是神祇的願望。請不要再生我們的氣了，為了這些事我們已嘗夠了神祇的懲罰！請接受我們的禮物吧，這裡是七個特洛伊女人，二十四駿馬，十二隻三足鼎。但願你能喜歡，並請你和我一起住在我的營帳裡。」

　　「朋友們，」菲羅克特特斯友好的回答說，「我不再生你們的氣了。包括你，阿加曼農，也包括其他的任何人！」

　　第二天，特洛伊人正在城外埋葬他們的死者，這時他們看到希臘人湧來向他們挑戰。雙方又激戰起來，雙方都死傷無數，損失慘重。而菲羅克特特斯也在特洛伊人的隊伍中來回衝殺，帕里斯大膽的朝他撲了過去。他射出一箭，但箭鏃從菲羅克特特斯的身旁穿過，射中了他身旁的克勒俄多洛斯的肩膀。克勒俄多洛斯稍稍後退，並用長矛保護自己。可是帕里斯的第二支箭又射來，把他射死了。

　　菲羅克特特斯把這一切看在眼裡，怒不可遏。他執弓在手，指著帕里斯聲震如雷的喊道：「你這個特洛伊的草賊，你是我們一切災難的禍根，現在輪到你該滅亡的時候了！」說著，他拉弓搭箭，張滿弓弦，嗖的一聲，那箭呼嘯著飛了出去，擊中目標。不過只在帕里斯身上劃開一道小傷口。帕里斯急忙張弓待射，但第二箭又飛了過來，射中他的腰部。他渾身顫慄，忍著劇痛，轉身逃走了。

　　醫生們圍著帕里斯檢視傷口，但戰鬥仍在繼續。

　　夜裡，帕里斯呻吟不已，徹夜難眠。那是海克力士浸透劇毒的飛箭，中箭後的傷口腐爛發黑，任何醫生都無法治癒。受傷的帕里斯突然想起一則神諭，它說只有被遺棄的妻子俄諾涅才能使他免於死亡。

　　他雖然很不情願去找她，可是由於疼痛難熬，不得不由僕人抬著前往愛達山。

　　僕人們抬著他爬上山坡，樹上傳來不祥的凶鳥地鳴叫，這鳥鳴聲使他不寒而慄。他終於到了俄諾涅的住處。女傭和俄諾涅對他突然前來感到驚訝。

　　他撲倒在妻子的腳前，大聲叫道：「尊貴的妻子，我在痛苦中，請不要怨恨我！殘酷的命運女神把海倫引到我的面前，使我離開了你。現在，我指著神祇，指著我們過去的愛情哀求你，請你同情我，用藥物醫治我的傷口，免除我難熬的疼痛！」

　　「你有什麼臉來見我，」他的妻子憤恨的說，「我是被你遺棄的人，去吧，還是去找年輕美貌的海倫吧！求她救治你。你的眼淚和哭訴絕無法換取我的同情！」說著，她將帕里斯送出門外，她沒有想到她的命運跟她丈夫的命運是緊密相連的。帕里斯走了，在半路上，他因箭毒發作而嚥下最後一口氣。

　　帕里斯死後，他的母親悲傷的暈過去，海倫在痛哭，與其說她為丈夫悲泣，還不如說她為自己悲泣。俄諾涅獨自待在家裡，心裡感到深深的後悔。她想起年輕時的帕里斯和他們往日的情意，她感到心痛欲裂，止不住淚流滿面。

　　她從床上躍起，跑了出去，整整的奔跑了一整夜，最後她來到了她丈夫的火葬堆那裡。俄諾涅看到丈夫的遺體，悲痛得說不出話來，她用衣袖蒙著美麗的臉，飛快的跳進熊熊燃燒的柴堆裡。她被火焰吞噬，和她的丈夫一起燒為灰燼。

36 木馬計

　　希臘人圍攻特洛伊城，久久不能得手。於是，占卜家和預言家卡爾卡斯說：「我昨天看到一個預兆：一隻雄鷹追逐一隻鴿子。鴿子飛進巖縫裡躲了起來。雄鷹在山巖旁等了許久，鴿子就是不出來。雄鷹便躲在附近的灌木叢中。這隻蠢鴿子飛了出來。雄鷹立即撲上去，用利爪抓住了它。我們應該以這隻雄鷹為榜樣。對特洛伊城不能強攻，而應智取。」

　　他說完後，英雄們絞盡腦汁想盡辦法要攻破特洛伊城，最後，奧德修斯想出一個妙計。他說：「讓我們造一個巨大的木馬，讓馬腹裡盡可能的藏入足夠多的希臘人。其餘的人則搭船離開特洛伊海岸，撤退到特涅多斯島。

　　在出發前必須把軍營徹底燒燬，讓特洛伊人在城牆上看見煙火，不存戒備，大膽的出城活動。同時我們讓一個特洛伊人不認識的士兵，冒充逃難的人混進城去，告訴他們說，希臘人為了安全撤退，準備把他殺死獻祭給神祇，但他設法逃脫了。

　　這位士兵必須使特洛伊人相信他，同情他，將他帶進城去。在那裡，他必須設法說動特洛伊人把木馬拖進城內。當我們的敵人熟睡時，他再給我們發出預定的暗號。這時，躲藏在木馬裡的人趕快爬出來，並點燃火把，召喚隱蔽在特涅多斯島附近的戰士們。這樣，我們就能用劍與火一舉摧毀特洛伊城。」

　　奧德修斯說出了他的計策，大家都驚歎他的妙計。這個計策正符合預言家卡爾卡斯的心意，他完全贊成。除了阿基里斯的兒子涅俄普托勒摩斯和菲羅克特特斯外，英雄們都歡呼贊同拉厄耳特斯的兒子的建議，但他站在涅俄普托勒摩斯的一邊，而且渴望著戰鬥。

　　最後他們兩個幾乎要說服所有的希臘人了，可是宙斯表示反對，他憤怒的顯示雷鳴閃電，雷聲震動了大地。因此，英雄們明白，宙斯贊同預言家和奧德修斯的建議。涅俄普托勒摩斯和菲羅克特特斯儘管反對，但不得不順從天意。

　　半夜時，雅典娜托夢給希臘英雄厄珀俄斯，吩咐他用粗木製造巨馬，並答應幫助他，使他儘快完工。厄珀俄斯知道這是女神雅典娜，便高興的從床上跳了起來，牢牢記住女神的吩咐。

　　天剛亮，他就對大家講起女神托夢的事。希臘人一聽，即刻來到愛達山砍伐高大粗壯的松木。木料很快運到赫勒持滂的海岸上。許多年輕人幫厄珀俄斯一起工作。有的鋸木頭，有的削枝葉。厄珀俄斯自己造木馬，他先造了馬腳，削製馬腹，並在馬腹上方做了拱形的馬背。接著又安置了馬胸和馬頸，還在馬頸上裝了精緻的馬鬃，看起來就像正在風中飄動，馬頭和馬尾上沾了細密的絨毛。馬的兩耳豎起，圓溜溜的馬眼睛炯炯有神。總之，整匹馬，就像活馬一樣。

　　在雅典娜的幫助下，他用三天的時間完成了任務。大家都驚歎他的這件藝術傑作。他們甚至相信這匹馬隨時都會嘶鳴，奔跑。

　　厄珀俄斯朝天空舉起雙手，在全軍士兵的面前祈禱：「偉大的女神帕拉斯·雅典娜！請聽我的禱告，請保佑我和你的木馬吧！」所有的希臘人也和他一起祈禱。

　　同時，特洛伊人緊閉城門，躲在城內。奧林匹斯聖山上的諸位神祇，因對特洛伊的命運看法不一也就分為

兩派，一派保護希臘人，另一派則反對。神祇們之間發生了爭鬥，幸好宙斯及時回來阻止了。

這時，在希臘人的營地，木馬已經做好。奧德修斯在會議上站起來發言：「丹內阿人的首領們，現在已到了顯示真正的力量和勇氣的時候了。因為現在我們得鑽進馬腹，躲在裡面度過一段沒有陽光的日子，迎接光明的未來，請相信我，鑽進馬腹，要比面對敵人作戰需要更大的勇氣！因此只有最勇敢的人才能做到！其餘的人可以先搭船到特涅多斯島去。在木馬附近只留一個膽大機靈的人，他要按照我說的去做。誰願意擔任這一重任呢？」

大家遲疑著，沒有一個人敢站出來。最後，希臘人西農挺身而出。他說：「我願擔任這一任務。我已下定了決心！」他的話受到大家的歡呼。可是還是有些人對此表示懷疑。涅斯托耳立起身來，鼓勵他說：「現在我們需要更大的勇氣，因為神祇已給了我們結束十年戰爭的方法。讓我們迅速鑽到木馬裡去，我感到自己的體內充滿著年輕人的力量，就好像當年我要走上伊阿宋的阿耳戈船一樣。要不是那時珀利阿斯國王不讓我上船，我一定會參加那次的遠征。」

阿基里斯的兒子涅俄普托勒摩斯、墨涅拉俄斯、狄

俄墨德斯、斯特涅羅斯和奧德修斯都走進了木馬，隨後則是菲羅克特特斯、埃阿斯、伊多墨紐斯、邁里俄納斯、帕達里律奧斯、歐律瑪科斯、安提瑪科斯、阿伽帕諾爾和其他許多英雄，他們緊緊的擠在馬腹裡。最後，則是木馬的製造者厄珀俄斯，他進了馬腹，把梯子拉進馬腹關上木門，從裡面閂上。英雄們默默的擠坐正馬腹裡，不知道等待他們的是什麼樣的命運。

其餘的希臘人聽從阿加曼農和涅斯托耳的命令，放火燒煅帳篷和營具，然後登船起航，朝特涅多斯島駛去。到達特涅多斯島時，他們拋錨上岸，急切的期待著遠方傳來預定的火光信號。

特洛伊人很快發現海岸上煙霧瀰漫，他們在城頭細細觀望，發現希臘戰船已經離去。特洛伊人非常高興，成群結隊的擁到海邊。當然，他們仍存戒心，沒有脫鎧甲。他們在敵人紮營的廣場上發現了一匹巨大的木馬。士兵們爭論起來，有的主張把它搬進城去，放在城堡上，作為勝利的紀念品。

有的人不相信希臘人留下的這件莫名其妙的禮物，主張將它推入大海，或者用火燒掉。這時阿波羅的特洛伊祭司拉奧孔從人叢中走出來，勸阻大家不要相信希臘人。他從站在一旁的戰士手中取過一根長矛，將它刺入

馬腹。長矛桀在馬腹上抖動著，裡面傳出一陣回聲，空蕩蕩的，像從空穴裡傳出的聲音一樣。然而特洛伊人的心已經麻木了，他們兩耳已經聽而不聞。

突然，有幾個牧人發現了藏在木馬腹下的西農。大家把他拖了出來，當作戰俘，要押他去見國王普里阿摩斯。西農惟妙惟肖的扮演著奧德修斯委託給他的角色。他可憐的站在那裡，朝天空伸出雙臂，哭泣著哀求他們，告訴他們他可憐的遭遇，那些最初抓住他的牧人被他感動了，連普里阿摩斯國王也相信了，對他說了一些撫慰的話，並允許他在城裡安身。只是要他說出這匹木馬究竟是怎麼回事，因為他剛才說到木馬時也是十分虔誠，敬畏的。

西農立即舉起雙手，假意祈禱起來：「神啊，請原諒我洩漏希臘人的祕密。在戰爭期間，希臘人一直把他們的希望寄托在女神帕拉斯‧雅典娜的援助上。自從她在特洛伊的神像被盜以後，事情就變得糟糕了。你們特洛伊人也許不知道，這是我們狡猾的希臘人做的。女神十分憤怒，她撤回了對希臘人的好心的援助。這時預言家卡爾卡斯說，我們應該立即搭船回去，在故鄉再聽取神祇的吩咐。他說，因為神像沒有重歸原處，我們就無法指望戰爭取勝。由於預言家的勸告，希臘人終於決定

回國。臨走前他們又按照預言家的建議造了這匹巨大的木馬，作為獻給女神的禮品，以便使她息怒。卡爾卡斯要求把馬身造得特別高大，使你們特洛伊人無法把馬拖進城門，放在城裡。因為木馬拖進城裡，雅典娜就會保護你們而不保護希臘人了。相反，如果你們損壞了這匹木馬，這正是希臘人所希望的，那麼你們一定會遭殃。希臘人打算，他們在亞各斯聽取了神祇旨意後，馬上再回來，並準備在奪取你們的城池後，把女神的神像重歸原處。」

這一番謊話，編得天衣無縫，使普里阿摩斯和特洛伊人都相信了。其實，雅典娜始終關心著她的朋友們的命運。自從拉奧孔發出警告後，他們都為自己的命運感到焦慮。但雅典娜在拉奧孔祭祀時，讓毒蛇和他祭祀殺死的公牛一起咬死了拉奧孔和他的兩個孩子，並且讓毒蛇又回到雅典娜神像腳下。

特洛伊人把這場恐怖的事件，看作祭司因懷疑木馬而遭到的懲罰。有些人急忙回到城裡，在城牆上開了一個大洞，另一些人給木馬腳下裝了輪軸，並搓了粗繩，用來套在木馬上的脖子上。於是，他們一起使勁，勝利的把木馬拖回城去。

他們歡呼著把這匹巨大的木馬拖到守衛城上。在高

興的人群中只有女預言家卡珊德拉耷拉著頭，目光呆
滯，她是神祇賦予預言才能的人，每次都沒有失誤。她
觀看天象和自然之物發現許多不祥之兆，但是人們都不
相信她。

　　她衝出王宮，披散著頭髮，眼裡冒著灼熱的火花。
她搖晃著身子穿過大街小巷，一路上呼喊著：「特洛伊
人呀，你們還不知道我們的道路直通哈德斯的地府嗎？
我看到城市充滿著血腥和火光，我看到死神從木馬的腹
中衝出來！你們還在歡呼著將它送上我們的守衛城。你
們為什麼不相信我的話呢？我即使說上千萬句，你們還
是不相信我。復仇女神因為海倫而決定向你們復仇，你
們已經成了她們的祭品和俘虜了。」但特洛伊人只是譏
笑和嘲弄她。

特洛伊城的毀滅

　　特洛伊人把木馬拖回城裡之後，以為戰爭已經結束，他們再也沒有後顧之憂了，在這天夜裡，特洛伊人舉行飲宴和慶祝。大家一次又一次的斟滿美酒，一飲而盡。士兵們喝得醉醺醺的，昏昏欲睡，完全解除了戒備。跟特洛伊人一起飲宴的西農也假裝不勝酒力睡著了。

　　深夜，他起了床，偷偷的摸出城門，燃起了火把向遠方發出了約定的信號。然後，他熄滅了火把，潛近木馬，輕輕的敲了敲馬腹。英雄們聽到了聲音走了下來。他們到了外面便揮舞著長矛，拔出寶劍，分散到城裡的每條街道上，對酒醉和昏睡的特洛伊人大肆屠殺。

　　他們把火把扔進特洛伊人的住房裡，不一會兒，屋

頂著火，火勢蔓延，全城成了一片火海。

　　隱蔽在特涅多斯島附近的希臘人看到西農發出了火把信號，立即拔錨起航，乘著順風飛快的駛到赫勒持滂，上了岸。全體戰士很快從特洛伊人拆毀城牆讓木馬通過的缺口裡衝進了城裡。

　　被佔領的特洛伊城變成了廢墟。到處是哭喊聲和悲叫聲，到處是屍體。殘廢和受傷的人在死屍上爬行，仍在奔跑的人也從背後被槍刺死。受了驚嚇的狗的吼叫聲，垂死者的呻吟聲，婦女兒童的啼哭聲交織在一起，既淒慘又恐怖。

　　這時希臘人圍攻普里阿摩斯的城堡，許多全副武裝的特洛伊人如潮水般衝出來，進行殊死而又絕望的拚殺。戰鬥越來越激烈，越來越殘酷。

　　涅俄普托勒摩斯把普里阿摩斯視為仇敵，他一連殺死他的三個兒子，其中包括那個敢向他的父親阿基里斯挑戰的阿革諾耳。後來，他又遇到了威嚴的國王普里阿摩斯，這個老人正在宙斯神壇前祈禱。涅俄普托勒摩斯一見大喜，舉起寶劍，撲了過來。

　　普里阿摩斯毫無懼色的看著涅俄普托勒摩斯，平靜的說：「殺死我吧！勇敢的阿基里斯的兒子！我已經受盡了折磨，我親眼看到我的兒子一個個死了。我也用不

著再看到明天的陽光了！」他毫不留情的揮劍砍下國王
的頭顱。

　　希臘的普通戰士殺人更為殘酷。他們在王宮內發現
了赫克托耳的小兒子阿斯提阿那克斯。他們從他母親的
懷裡把他搶去，把孩子從城樓上摔了下去。孩子的母親
朝著他們大聲哭叫：「你們為什麼不把我也推下去，或
者把我扔進火堆裡？自從阿基里斯殺死我的丈夫之後，
我只是為了這個孩子才活著。請你們動手吧，結束我的
生命吧！」可是他們都不聽她的話，又衝到別處去了。

　　死神到處遊蕩，只是沒有進入特洛伊的老人安特諾
爾的房子。因為墨涅拉俄斯和奧德修斯作為使者來到特
洛伊城時，曾經受過他的庇護，並受到熱情的款待，所
以丹內阿人沒有殺死他，並讓他保留所有的財產。

　　傑出的英雄埃涅阿斯幾天前還奮勇的在城牆上打退
了敵人的進攻。可是，當他看到特洛伊城火光沖天，經
過多時的拚殺仍然不能擊退敵人時，他就好像一個歷經
風暴的勇敢的水手一樣，因見大船快要沉沒，便跳上一
隻小船，自求活命去了。

　　墨涅拉俄斯在不忠貞的妻子海倫的房前遇到得伊福
玻斯，他是普里阿摩斯的兒子。帕里斯死後，海倫嫁給
他為妻。他在晚宴後醉醺醺的聽到阿特柔斯的兒子們殺

來的消息，便跌跌撞撞的穿過宮殿的走廊，準備逃走。墨涅拉俄斯追上去，一槍刺入他的後背，「你就死在我妻子的門前吧！」墨涅拉俄斯吼道，聲震如雷，「我多希望能親手殺死帕里斯！任何罪人都不能從正義女神特彌斯的手下逃脫！」

墨涅拉俄斯把屍體踢到一邊，沿著宮殿的走廊走去，到處搜尋海倫，心裡充滿了對結髮妻子海倫的矛盾感情。海倫由於害怕丈夫發怒而渾身發抖，她悄悄的躲在昏暗的角落裡，過了好久才被丈夫墨涅拉俄斯發現。看到妻子就在眼前時，墨涅拉俄斯恨不得把她一劍砍死，但阿佛洛狄特已經使她更加嫵媚、美麗，並打落了他手裡的寶劍，平息了他心裡的怒氣，喚起他心中的舊情。頓時，墨涅拉俄斯忘記了妻子的一切過錯。

然而他聽到身後亞各斯人的威嚴的喊聲，他又感到羞愧，覺得不貞的海倫使他喪失了臉面。他又硬起心腸，撿起地上的寶劍，朝妻子一步步逼近。但是在心裡，他還是不忍心殺死她。因此，當他的兄弟阿加曼農來到時，他倒體面的住了手。

阿加曼農拍著他的肩膀對他說：「兄弟，放下武器！你不能殺死自己的妻子。我們為了她受盡了苦難。在這件事上，比起帕里斯，她的罪過就輕多了。帕里斯

破壞了賓主的法規，連豬狗都不如。他，他的家族，甚至他的人民都為此受到了懲罰，遭到了毀滅！」

墨涅拉俄斯聽從了勸告，表面上裝著不願意的樣子，心裡卻很高興。後來，他與海倫一同回到斯巴達。墨涅拉俄斯死後，她被驅逐到羅德島。

當大地上正在大肆屠殺時，天上的神祇用烏雲遮掩起來，悲歎特洛伊城的陷落。只有特洛伊人的死敵赫拉，以及陣亡的阿基里斯的母親特提絲心滿意足的大聲歡呼。但是，希望特洛伊失敗的帕拉斯・雅典娜，卻忍不住淌下了眼淚，因為她看見埃阿斯竟然進入她的神廟，一把抓住她的女祭司卡珊德拉的頭髮，把她拖了出去。

大火，屠殺延續了很長時間。熊熊的火柱直衝天空，好像在宣告不幸的特洛伊城的毀滅。

奧德修斯

德修斯是希臘西部伊塔卡島之王，他擁有領
地、莊園，還有家奴和牲畜。曾參加特洛伊
戰爭。

出征前參加希臘使團去見特洛伊國王普里阿摩斯，
以求和平解決因帕里斯劫奪海倫而引起的爭端，但未獲
結果。希臘聯軍圍攻特洛伊十年期間，奧德修斯英勇善
戰，足智多謀，屢建奇功。他獻木馬計裡應外合攻破特
洛伊。

奧德修斯和他的夥伴回家途中，在海上遇到風暴。
他們漂流到獨眼巨怪的海島，巨怪把他們關在巖洞，吃
了他的幾個同伴。聰明的奧德修斯用酒灌醉巨怪，用木
棒弄瞎了巨怪的眼睛，逃出了巖洞；因而得罪了海神波

塞冬，從而屢遭波塞冬的阻撓，歷盡各種艱辛、危難。他們還曾到吃忘憂果人的國土，不少人吃了忘憂果，忘記了家鄉；他們還到了女仙喀耳刻居住的海島，他的同伴被女仙變成了豬；他們又到了冥土，見到了英雄阿基里斯的陰魂；他們在從海卡律希狄斯和六頭十二臂的斯庫拉中間穿過時，又失去了六個同伴。

最後，他的同伴們因為偷殺太陽神的神牛，全部葬身海底，只有他一人漂到女神卡呂普索的島國，在這裡他被留住了七年。最後他擺脫神女卡呂普索的七年挽留。後來他來到了淮阿喀亞島，島上國王阿爾基諾斯設宴招待他。

席間，盲人歌手德莫多克演唱特洛伊戰爭的故事，深深感動了奧德修斯，奧德修斯向阿爾基諾斯國王講述了他歷險的經過，國王送給他許多禮物，為他備船，送他回到了家鄉。

特洛伊城陷落的消息傳到伊塔刻時，他的妻子看到其他英雄陸續回到家鄉，但不見奧德修斯歸來。時間長了，伊塔刻的許多人都認為他十年不歸，一定已經死去。當地的許多貴族都在追求他的妻子珀涅羅珀，但她百般設法拒絕他們，同時還在盼望他能生還。於是那些求婚者雖然遭到了她的拒絕，但還是強行住在宮殿裡，

吃喝玩樂，盡情享用奧德修斯的財富。

　　奧德修斯最後於第十年僥倖一人回到故土伊塔刻，他在外期間，妻子一直在等待著他，兒子也長大成人。奧德修斯假裝一個乞丐回到家裡，試探妻子，證明了妻子的忠貞。

　　他跟兒子一起設計殺死了那些糾纏他的妻子、揮霍他的家財的求婚者，處死了幫助求婚者的奴隸，和妻子重新團聚，重新作了伊塔刻島的國王。

特勒瑪科斯

特洛伊戰爭後，那些在戰場上和歸途中倖免於難的希臘英雄先後回到故鄉。可是，只有拉厄耳特斯的兒子，伊塔刻國王奧德修斯沒有回來，命運女神又給他安排了一場奇特的遭遇。

而此刻奧德修斯的宮中一片悲哀和混亂，美麗的珀涅羅珀和她年輕的兒子特勒瑪科斯已不能成為宮殿的主人了。因為特洛伊城陷落的消息傳到伊塔刻後，其他英雄陸續回到家鄉，但不見奧德修斯歸來。

伊塔刻人便以為奧德修斯死了，於是那些愛慕珀涅羅珀和她的財富的求婚者們，便擁進宮裡，雖然珀涅羅珀拒絕了他們，但是這些人強行住在宮殿裡，吃喝玩樂，盡情享用奧德修斯的財富。

　　一天，變身為手執長矛的塔福斯人的國王門特斯，進入奧德修斯的宮殿。他告訴奧德修斯的兒子特勒瑪科斯說：「我是你父親奧德修斯的世交，叫門特斯，你父親還沒有去世，他現在正流落在一個荒島上，不久就會回來。」女神雅典娜看到那些求婚者在這裡揮霍玩耍，又悲傷又氣憤，她告訴了特勒瑪科斯，要怎樣做才能趕走這些求婚者。說完話她就突然不見了，如同一隻小鳥一樣飛走了。特勒瑪科斯感到很驚訝，猜想這是一個神。

　　於是，特勒瑪科斯走到那些過分放肆的求婚者的面前，對他們大聲說：「求婚的朋友們，你們可以高高興興的用餐，但是別這樣喧鬧，應該安靜欣賞歌手們動人的歌聲。明天我將召開國民大會。我要求你們各自回家，因為你們都必須關心自己的家財，不應該總是揮霍別人的遺產！如要求婚，請到我的外祖父家裡去。」

　　求婚者聽到他果斷的話，都恨得咬牙切齒。他們堅決不願意到他的外祖父，即伊卡里俄斯的家裡去向他的母親求婚。

　　第二天清晨，特勒瑪科斯走出屋子，傳令召開國民大會。求婚者也被邀請出席。等人到齊後，國王的兒子執矛來到全場。

　　帕拉斯·雅典娜使他變得更加高大和莊重，與會人

見了都暗暗驚奇和讚歎，連老人都恭敬地給他讓路。他坐在父親奧德修斯的座位上。

年邁的埃古普提俄斯問道：「是誰要召集我們來開會的，難道有外敵來入侵了嗎？」他從座位上站起來，握著他父親的王杖到會場中間，看著年邁的埃古普提俄斯說：「尊敬的老人，召集你們來開會的人正是我。我很憂傷，很煩惱。首先，我失去了傑出的親愛的父親。現在，我們的家室面臨著災難，家產即將被消耗一空。我的母親珀涅羅珀為不受歡迎的求婚者所困擾，他們又不願接受我的建議，到我外祖父伊卡里俄斯家去向我的母親求婚。他們天天在我家裡宰豬殺羊，暢飲我們儲存的美酒。他們有這麼多人，我怎麼對付得了？你們這些求婚者，你們難道不知道你們是無理的？你們不怕遭到神的報復嗎？難道我的父親得罪過你們？難道我使你們遭受損失，你們非要我補償嗎？」

可是下面的求婚者們都不以為然，最後他們要求特勒瑪科斯的母親離開宮殿，回到她的父親伊卡里俄斯的家裡去，在那裡挑選她的丈夫。而他們各自又回到了房中，又在奧德修斯的宮殿裡快快活活的大吃大喝，逍遙自在。

特勒瑪科斯不想再說服他們，他請伊塔刻人為他挑

選二十個水手，預備一艘快船，因為他要到皮洛斯和斯巴達打聽父親的消息。他告訴大家，如果父親還活著，特勒瑪科斯將在宮中再等待一年；如果父親死了，他將勸他的母親改嫁。

後來特勒瑪科斯就出海去尋找父親了，求婚者們知道這件事以後，安提諾俄斯率領二十名水手登上了船。在伊塔刻島和薩墨島之間有一座佈滿暗礁的小島。安提諾俄斯駕船來到這裡，他們潛伏在海峽口，準備襲擊特勒瑪科斯，結果他們的計劃落空了。

後來特勒瑪科斯終於找到了化裝成乞丐的父親，他和父親共同回到伊塔刻王國，向那些求婚者復仇。

奧德修斯與仙女
卡呂普索

奧德修斯久經漂泊後,來到俄奇吉亞島,這是一座孤島,島上怪石嶙峋,滿是參天大樹。提坦巨人阿特拉斯的女兒,女仙卡呂普索,把他搶入山洞,願意委身於他,做她的丈夫。女仙保證讓他與天地同壽,而且永保青春。可是奧德修斯卻仍然忠於他的妻子珀涅羅珀。

奧德修斯的忠貞感動了奧林匹斯聖山上的神,除海神波塞冬外,沒有一個不同情他。海神與他有宿仇,不願與他和解,但也不敢毀滅他,只是讓他在歸途中歷經磨難,就是因為這個緣故,他才流落到這座偏僻的荒島上。

　　奧林匹斯聖山上的神們商議後決定，卡呂普索必須釋放奧德修斯。於是，雅典娜派神的使者赫爾墨斯來到地上，向這位美麗的女仙傳達宙斯的命令。宙斯的使者赫爾墨斯奉神之命從天上飛向海洋，來到俄奇吉亞島，卡呂普索的住地。

　　赫爾墨斯在這美麗仙女的家裡見到她。卡呂普索的內室佈置得非常漂亮，爐子裡燃著熊熊的爐火，檀香木芬芳的青煙在島上裊裊上升。仙女一面唱著迷人的歌曲，一面用金梭織著精緻的綾羅。

　　她的仙府坐落在白楊和松柏的濃蔭中，樹上棲息著歌喉宛轉、羽毛美麗的孔雀，還有雄鷹、烏鴉。葡萄籐攀纏在岩石間，翠綠的枝葉下懸掛著一串串晶瑩的葡萄。有幾道山溪流過長滿紫堇、香芹和毒草的草地。卡呂普索馬上就認出他是神的使者。赫爾墨斯向他強調說，宙斯的決定是不可違抗的。

　　她聽到赫爾墨斯傳達了神的決定後，驚訝得說不出話來。過了一會，她歎息著說：「啊！殘酷而嫉妒的神喲！難道你們真的不願意看到一位天仙，許配給一個凡人嗎？是我把他從死亡中救了出來。當時他抱著破船板，隨波逐流，一直漂到我的海島。今天，你們卻在責怪我為什麼把他留下，是嗎？他的大船被雷電擊中，他

的勇敢的朋友們全都葬身魚腹了，我以偉大的同情心接納了這個落難的人，盡心盡力照顧他，餵養他，還答應讓他永保青春，與天地同壽。但宙斯的旨意不可違背，那就只好讓他回到海上去漂流吧！你們不要以為我會送他走，因為我既沒有水手，也沒有船隻！我沒有禮物送給他走，只能給他出個主意，告訴他怎樣才能平安地回到他的家鄉。」

赫爾墨斯對她的回答很滿意，便又回到奧林匹斯聖山。但奧德修斯此時卻不在那裡，他仍像往常一樣正坐在海邊，含淚眺望茫茫的大海，心中湧起一股懷鄉之情。

卡呂普索走到海邊，對奧德修斯說：「可憐的朋友，你不必再憂愁了，我放你回去。你自己做個小木船，我為你準備一些清水、美酒和食品，還有一些換洗的衣服，並從岸上給你送上順風。願神保佑你平安地回到家鄉！」

奧德修斯聽到卡呂普索這麼說，不太相信地看著女仙說：「美麗的仙女，恐怕你心裡不是這樣想的吧，你只有向神發誓，保證不暗殺我，我才敢乘小船出海！」卡呂普索溫柔的微笑著說：「你別害怕，大地、天空和地府都可為我作證，我一定不會陷害你！」說著，她就轉身走了，奧德修斯跟在她後面。卡呂普索回到她的洞

府，依依不捨的和奧德修斯告別。

　　奧德修斯沒用幾天的時間，就把小船做成了。等到第五天時，卡呂普索依依不捨的把奧德修斯送到岸邊，讓他乘著順風出海了。他坐在船舵旁小心的掌著舵。一路上，他不敢睡覺，注視著天上的星座，依照卡呂普索在分別時告訴他的識別標記前進。他在一望無際的大海上平安的航行了十七天。

　　到了第十八天，他終於看見淮阿咯亞的山影。這時波塞冬正好從埃塞俄比亞回來，路過索呂默山，突然發現了海上的奧德修斯。波塞冬沒有參加奧林匹斯聖山神的會議，不知道神的決定。於是他認為神們乘他不在，強迫女仙釋放了奧德修斯。波塞冬自言自語的說：「讓他再經歷更多的苦難吧！」於是，他召來了烏雲，又揮動三叉戟攪動大海，並喚來暴風雨，襲擊奧德修斯的小船。奧德修斯渾身顫抖，怨恨的說，當初死在特洛伊人的槍劍下就好了。正在這時，一個巨浪打來，吞沒了小船。

　　船舵從他手中滑落，桅桿和船篷都漂在海上。奧德修斯被捲入波浪，濕透了的衣衫沉甸甸的，拖著他往下沉。他掙扎著浮出水面，連忙吐出了嗆進的海水，朝著破碎的小船游去。他費盡氣力才抓住小船，隨著小船漂

流。正在危急之時，海洋女神洛宇科特阿看到他，洛宇科特阿又叫伊諾，是卡德摩斯的女兒。

　　女神非常同情他，從海底升上來，坐在破碎的小船上對他說：「奧德修斯，請聽我的勸告。快脫去衣服，離開小船，用我的面紗裹住你的身體，然後朝前游去。」

　　奧德修斯接過了女神的面紗，女神突然不見了。他雖然不相信她的話，但他仍然聽從她的吩咐。他像騎馬一樣騎在一塊漂浮的木板上，脫去了卡呂普索送給他的衣服，用面紗圍在身上，跳進洶湧的海浪中。

　　波塞冬看到這勇敢的人真的跳進海中，還是不放過他，他不由得搖了搖頭說：「好吧，你就在風浪中漂流吧，你得遭受更多更大的痛苦！」說完，海神波塞冬回到他的宮殿去了。

　　奧德修斯在海上漂了兩天兩夜，終於他又看見一處滿是樹的海岸，波濤衝擊著礁石發出陣陣轟鳴。他還來不及考慮，不由自主的被一陣海浪沖上了海岸。他用雙手緊緊的抓住一塊岩石，可是一個波浪又把他衝回大海。他只得使勁划動雙臂朝前游去。

　　經過一段時間，他漂進了一處淺淺的海灣。他祈求河神，河神同情他，平息了波浪。最後奧德修斯終於游到河岸，此時他已經筋疲力盡，於是一下就倒在了河岸

上，失去了知覺。

　　此時一陣冷風把他吹醒。他從身上解下面紗，懷著感激的心情把它扔到海裡，歸還女神。於是他光著身子，在風中感到陣陣寒氣。這時他看見附近有座滿是樹林的小山，爬上山去發現兩棵樹葉交錯的橄欖樹。

　　橄欖樹枝葉茂密，能夠避風擋雨，還能防止陽光曝曬。奧德修斯就用樹葉鋪上一張床，躺了下來，用一些樹葉蓋在身上。不久，他就沉沉睡去，忘卻了一切磨難。

瑠西卡

奧德修斯從俄奇吉亞島出來後，在海上遇險，被海水沖到了一個海岸上，昏睡了過去。他躺在草地上熟睡，這時他的保護女神雅典娜正在著手為他安排。女神趕到舍利亞島，在島上淮阿喀亞人建了一座城市。女神走進國王阿爾喀諾俄斯女兒瑠西卡的室內。

瑠西卡生得美麗、端莊，如同一個漂亮的女神。此時她正睡在寬敞而又明亮的臥室裡，門外有兩個侍女看守。

雅典娜如清風似的走到瑠西卡的床前，她變身為瑠西卡的侍女，出現在她的夢中，對她說：「趕快起來去洗妳的衣服吧，要不然妳的母親會笑話妳的，如果妳明天和人訂婚了，連一件乾淨的衣服都沒有，可怎麼辦

啊？趕快起來去洗衣服吧，我陪妳去，幫妳一起洗，讓妳儘快把衣服洗完。」

公主突然醒來，急忙起了床，走到父母那裡。瑙西卡抓住父親的手，撒嬌地說：「親愛的父親，叫人給我準備一輛馬車吧，讓我到河邊去洗衣服，我把你和我的兄弟們的衣服都帶去洗。」瑙西卡羞於說到夢中自己要訂婚的事，所以只好這麼說。她的父親知道女兒的心事，微笑著說：「去吧，我的孩子，我命僕人為妳套車！」

瑙西卡從房裡取出衣服，放在馬車上。母親把甜酒給她裝在皮袋內，又給她送上麵包和別的食品。她還給女兒一瓶香膏，讓女兒和女僕們沐浴後可以搽抹身體。瑙西卡親自執韁揮鞭，架著馬車來到河邊。

她們拿起衣服在專供洗衣的小溝裡洗濯。大家將衣服搓洗並捶擊乾淨，洗完衣服後她們在清水裡沐浴，塗上香膏，愉快的吃著帶來的食物。大家在草地上盡情的戲耍，等待衣服在陽光下曬乾。

她們快樂的拋著球玩耍著，這時隱身在一旁的女神雅典娜把球引向河水的急流中，女子們一陣喧鬧，把睡在橄欖樹下的奧德修斯驚醒了。他起身，心想自己這是在哪裡啊，還聽到了女子們歡樂的笑鬧聲。於是他一邊

想，一邊拉斷一根樹葉濃密的樹枝，遮蓋自己光著的身體，然後從樹叢裡走出來。

他的身上仍然沾著海草和海水的泡沫，看上去像個野人。她們以為遇上了海怪，嚇得四處逃竄。只有阿爾喀諾俄斯的女兒站立原地，因為雅典娜給了她勇氣。

奧德修斯尋思著應該虔誠的站在遠處，懇求她賜給一件衣服，並指點他去尋找人們居住的地方。於是他在遠處對她大聲說：「喂，我不知道妳是女神還是人間女郎，但無論妳是誰，我都要向妳懇求援助。如果妳是女神，那麼妳一定是阿耳特彌斯，因為妳像她一樣端莊美麗。如果妳是人間女子，那麼我要讚美你的父母和兄弟們，因為他們有妳這樣可愛的女兒和姐妹，一定很滿意。能夠娶妳為妻的人該有多麼幸福啊，請妳憐憫我吧，我受盡了人間少有的折磨。二十天前我離開了俄奇吉亞島，被海浪捲入大海。最後我這個可憐的落難人被衝上了這裡的海岸，我在這裡沒有認識的人。請給我一件遮身的衣服吧，願神保佑妳萬事如意，過著幸福的生活，有一位好丈夫，有一個美滿的家庭。」

瑙西卡回答說：「外地人哪，你看上去像個高尚的人。你既然來到我們的國家，來到我的面前，那麼你就不會缺少衣食。居住在這裡的是淮阿喀亞人，我是國王

阿爾喀諾俄斯的女兒。」說完,她喚來逃散的女僕們,並告訴她們不要害怕這個外地人。

當奧德修斯在隱蔽的小河裡沖洗乾淨後,她們才聽從女主人的吩咐,給他送上長袍和緊身衣。他穿上衣服,正合身。奧德修斯的保護神雅典娜使他顯得更加健美,威武,氣宇軒昂,神采奕奕。

奧德修斯穿好衣服後,從樹叢裡走出來坐在略微離開女子們的地方。瑙西卡驚訝地打量著眼前這個俊美的男子,對身邊的女伴們說:「一定有個神在保護他,並把他帶到淮阿喀亞人居住的地方。如果我們民族有這樣一個出色的人,而且命運之神選他作我的丈夫,那我多麼幸福啊!」

說完她吩咐女伴們給奧德修斯酒和食物。奧德修斯忍受了長久的飢渴,真是又餓又渴,這是他第一次愉快的享用了一頓美食。

不一會時間她們曬的衣服都乾了,她們套上馬車準備回城去。瑙西卡讓這個外地人跟女僕們一起步行跟在後面。

走到離城不遠處,她抱歉地對奧德修斯說:「現在我們離城不遠了,因此我要避免別人說閒話。我怕遇見我的農民嘲笑的說:『瑙西卡身後的那位漂亮的外地人

是誰呀？他大概是瑙西卡的丈夫吧！」聽到這種閒語，
我會十分尷尬的。所以你先在城前那棵獻給雅典娜的白
楊樹聖林裡稍待一會兒，等估計我們已經進了城，你就
趕緊跟上來。你很快會找到我父親的宮殿。進了宮殿，
你抱住我母親的雙膝，如果她喜歡你，那你一定可以得
到她的支持和幫助！」

瑙西卡說完後，緩緩地趕著馬車和女僕們先回城裡
了，奧德修斯來到雅典娜的聖林時一個人便留了下來，
他虔誠的向他的保護女神雅典娜祈禱，女神聽到了他的
祈禱。

瑙西卡回到父親的宮殿時，奧德修斯離開了聖林，
雅典娜一路上幫助他，當臨近城門的時候，她變身為一
個淮阿喀亞女子，給奧德修斯指路。雅典娜就在前面引
路，奧德修斯跟在她後面，淮阿喀亞人卻看不見他的身
影。

雅典娜提醒他：必須先找王后，她的名字叫阿瑞
特，她是她丈夫的侄女，阿爾喀諾俄斯非常敬重她，淮
阿喀亞人也非常尊敬她。她聰明，賢淑，善於用智慧調
解人民的爭端。你要是能得到她的同情，就用不著擔心
了。

奧德修斯從華麗的宮殿走入大廳，來到國王和王后

面前。他上前跪在王后阿瑞特的腳下，抱住她的雙膝，
哀憐地懇求她幫助自己。最後國王盛情款待了他，王后
阿瑞特望著他身上漂亮的衣服是她織造的。她非常奇怪
問奧德修斯從哪兒來，是誰送給他這件漂亮的衣服的？
奧德修斯如實敘述了，最後國王想要將自己的女兒嫁給
他，可是他拒絕了國王的好意，因為他始終惦記著自己
遠在家鄉的妻子和兒子。

奧德修斯的漂流故事

　　特洛伊戰爭結束後，在返程的途中，奧德修斯
和其他一些英雄們駕駛的船，被一陣大風從
伊利翁一直吹到伊斯瑪洛斯，那是喀孔涅斯人的都城。
他們殺死守城的男人，瓜分了婦女和其他的財物。

　　奧德修斯建議他的朋友們趕快離開那裡。可是他的
同伴們聽不進他的話。他們貪圖戰利品，並留下來飲酒
作樂。後來那些逃走了的喀孔涅斯人從內地搬來了救
兵，乘他們歡宴時突然向他們發起攻擊。他們寡不敵
眾，最後奧德修斯可憐的六個同伴還沒有站起身就被殺
死在餐桌上，其餘的人幸好逃得快，才倖免於難。

　　後來他們一直向西航行，慶幸逃脫了死神的威脅，
可是心裡卻為死去的同伴感到悲哀。一天，宙斯從北方

吹來一陣颶風。海上頓時波濤洶湧，戰船陷於一片黑暗中。船上的人忙著放下船桅，可是還沒有等船桅放下，兩根桅桿已經折斷，船帆被撕成碎片。最後，好不容易才駛到岸邊，在這裡停泊了兩天兩夜，才把桅桿修好，配製了新的船帆。然後，他們又起航了，每個人都滿懷著回鄉的熱切希望。

然而，當他們剛到伯羅奔尼撒南端的瑪勒亞時，北方吹來的一陣颶風，又把他們送回了浩瀚的大海。他們在風浪中顛簸了九天九夜。到了第十天，他們來到洛托法根人的海岸。這是一個食忘憂果的民族。他們上岸汲足了淡水，並派兩個同伴在一個使者的陪同下去打探情況。結果他們發現食忘憂果的人正在召開國民大會。他們受到隆重而熱情的接待。主人捧出忘憂果，請他們品嚐。

這種忘憂果具有奇特的作用，比蜂蜜還甜，吃過的人就會忘記憂愁，樂而忘返，希望永遠留在那裡。他們派出去的人都不願回船了，奧德修斯只得強行把他們拖上了船。那些吃了忘憂果的人們哭泣著，不想離開那裡，他們希望永遠留下來，品嚐那甘甜如蜜的花果。

這之後他們又繼續航行，來到野蠻的庫克羅普斯人居住的地方。他們不耕不織，一切聽從神的安排。這裡

的土地肥沃，不用耕種就能五穀豐收，葡萄籐上結滿纍纍的葡萄。宙斯使這兒每年風調雨順，並普降甘霖，使土地肥沃。他們沒有法律，也不召開國民大會。他們都住在山上的巖洞裡，和自己的妻兒生活，從不與鄰人往來。在鄰近庫克羅普斯的海灣外，有一座森林茂密的小島。島上野羊成群，自由自在，從來沒有獵人去捕殺。島上無人居住，因為庫克羅普斯人不會造船，沒有人能夠渡海到島上去。但是在這裡住著一個身材高大的巨人，他把奧德修斯和他的同伴們抓了起來，後來聰明的奧德修斯用酒灌醉巨人，並用木棒弄瞎了巨人的眼睛，於是他和他的同伴才逃出了巖洞。

接著他們來到希波特斯的兒子埃洛斯居住的海島。在這裡好心的國王招待他們在島上住了足足一個月。最後，奧德修斯懇請他幫助他們回國，他也一口答應了，並贈給他鼓鼓的皮袋。這是用九歲老牛皮製成的，裡面裝著各式各樣的風，都是可以吹遍世界的大風，因為宙斯讓他掌管各類風，他有權叫風兒吹起，或停息。

他親自用銀繩把風袋捆在他們的船上，把袋口紮緊，不讓一點兒風漏出來。但是他沒有把所有的風都裝進去，當他們出發時，西風輕輕吹起船帆，送他們回鄉。結果由於他們的冒失和愚蠢，這一次他們沒有平安

的回到家中。

　　他們在海上航行了九天九夜，到了第十天的晚上，已經來到家鄉伊塔刻島的附近。可是偏偏在這時，奧德修斯由於連日勞累，不禁睡著了。乘他睡著時，他的同伴們紛紛猜測埃洛斯國王送給他的皮袋內裝著什麼禮物。他們一致認為袋裡一定是金銀珠寶，一個心懷妒忌的人就建議大家打開口袋偷一些金銀財寶出來，可是等他們剛解開袋口，所有的風都呼嘯而出，將他們的船又吹進波浪洶湧的大海上。

　　他們在海上繼續航行，漂泊了七天，來到了特勒菲羅斯城，是萊斯特律戈涅斯人居住的地方。在這裡居住的人都是吃人的巨人，這些人發現他們以後就用巨石朝他們的船砸來，四周響起船板破碎和垂死者的呻吟聲。後來奧德修斯帶著倖存下來的少數夥伴，駕船逃離了港口。海面上漂浮著死屍，慘不忍睹。後來他們擠在一隻船上，就這樣在茫茫的大海上繼續航行。

43 庫克羅普斯巨人

奧德修斯和他的同伴們在海上繼續漂泊著，一天他們來到了野蠻的庫克羅普斯人居住的地方。這裡的人們都住在山洞裡，他們過著無憂無慮的生活，從來不與外界人來往。在鄰近庫克羅普斯的海灣處，有一座森林茂密的小島，小島上有高聳的山洞，周圍長滿桂樹，樹下是成群的綿羊和山羊，巨大的石塊砌成圍牆，牆外是松樹和櫟樹構成的高大的圍籬。這兒住著一個身材高大的巨人，他在遠處的牧場上放牧，孤獨一人，跟鄰人毫無往來。他是一個庫克羅普斯人。

奧德修斯在這裡上了岸，他挑選了十二名最勇敢的朋友和他同行，並吩咐其餘的人都留在船上。他帶上一皮袋美酒和一些精美的食物，他想這些東西一定能夠贏

得巨人的歡心。

　　於是他們來到山洞，此時巨人還沒有回家，他仍然在牧場上放牧。他們走進山洞，看到裡面大塊的乳酪餅裝了一籃又一籃，羊圈裡擠滿了綿羊和山羊，地上到處是籃子。他們抑制不住自己的好奇心，想看看山洞裡住的是什麼人。於是，他們點起一堆火，向神祭獻供品。然後他們也吃了一點乳酪，等待主人回來。

　　巨人終於回來了，寬闊的肩膀上扛了一捆巨大的乾木柴。他把木柴扔在地上，發出一陣可怕的轟隆聲。他們嚇得跳了起來，躲在洞中的角落裡，看著他把母羊群趕進山洞，公綿羊和山羊仍留在外面的圍欄裡。然後，他搬來一塊巨石封住了洞口。巨人重重的坐在地上，一面擠綿羊和山羊的奶，一面讓羔羊吸母羊的奶。巨人工作完了，才開始點火，這時他猛然發現擠在山洞角落裡的人。此時他們也第一次清楚的看到這個高大的巨人，他像所有的庫克羅普斯人一樣，只有一隻閃閃發光的眼睛，長在額間。他的兩條大腿猶如千年橡樹，雙臂和雙手粗壯又有力。

　　巨人粗暴的問道，聲音如響雷：「外地人，你們是誰呀？你們從哪裡來？你們是強盜嗎？或者你們是做買賣的？」

　　他們被問得心驚膽顫，最後，奧德修斯壯起膽子回答說：「我們是希臘人，剛從特洛伊戰場上回來。我們在海上迷了路，到這裡來請求你的幫助和保護。請敬畏的神，傾聽我們的請求吧。因為宙斯保護尋求保護的人，他將嚴厲的懲罰那些危害哀求者的人！」

　　可是那個庫克羅普斯人發出一陣可怕的笑聲，並且說：「外地人，你是一個傻瓜，還根本不知道跟誰在講話。你以為我們敬畏神，並怕他們報復嗎？即使雷神宙斯和其他的神加在一起，我們庫克羅普斯人難道會害怕嗎？我們比他們強大十倍，除非我願意，否則我不會放過你和你的朋友們。現在告訴我，你們的船在哪裡？你們把它藏在什麼地方？」

　　奧德修斯聽後狡猾的回答說：「我的船嘛已經被大地的震撼者波塞冬在山巖上摔得粉碎。我和這十二個人死裡逃生！」巨人聽了以後一聲不響，他伸出大手，抓起兩個同伴，像扔兩隻小狗似的把他們摔在地上。兩人頓時腦漿迸裂，血肉模糊的躺在地上。巨人將他們撕開，如同山中的餓獅一樣吞食它的獵物。巨人吃飽了，又喝了羊奶解渴，然後躺在山洞的地上睡了。而此時，奧德修斯和他的同伴們也無能為力，只能在恐懼中坐待天明。

　　第二天早晨，庫克羅普斯人又抓起兩個同伴作為他的早餐。他吃完後搬開洞口的巨石，把羊群趕出山洞，自己也走出去。然後，又把石頭塞住洞口。他們每個人都惶恐的留在山洞裡，默默的等待著下一次輪到自己被吃掉。

　　奧德修斯終於想出了一個逃生的好辦法，他在羊圈裡找到一根巨大的木棒，用它削了一根六尺長的桿子並將它磨滑，將桿子的一端削尖並使它變得十分堅硬。他小心的把它藏在山洞一邊的糞堆裡。等待巨人回來準備在巨人睡著時把尖木桿戳進他的獨眼中。

　　晚上，可怕的巨人又趕著牧群回來了。這一次他沒有讓一部分羊留在外面的院子裡，而是全部趕到洞裡。像昨晚一樣，巨人又把石頭堵住洞口，並抓去奧德修斯的兩個同伴。他正在吞食時，奧德修斯把濃濃的美酒倒進木桶，將它送到巨人面前請求巨人喝了這美酒。庫克羅普斯人接過木桶，一句話也不說便將桶裡的酒一飲而盡。喝完以後他又要求再給他一桶，並且還友好的告訴他們，他叫波呂斐摩斯。於是奧德修斯接連給他倒了三桶，他也連續喝了三桶，最後他終於倒在了地上，醉醺醺的打起鼾來！此時奧德修斯飛快的把尖桿狠命戳進巨人的眼睛裡。巨人的睫毛和眉毛都已燒焦，他的那隻被

燙傷戳瞎的眼睛也吱吱作響。巨人痛得大聲吼叫，聲音響徹山洞，格外恐怖。波呂斐摩斯將木桿從眼睛裡拔出來，眼裡鮮血直流。他狂怒得像發了瘋似的，尖聲叫喊起來。

這個瞎了眼的庫克羅普斯人痛苦的呻吟著，摸索著來到洞口，掀開門口的巨石，伸出一隻手，不斷的摸索著，想抓住趁機和羊群一直逃出去的人。奧德修斯左思右想，終於想出一個辦法。看到周圍都是毛皮特別厚實的肥羊，他悄悄的用柳條將它們每三隻捆在一起。在中間一隻公羊的肚子下帶他們的一個人，旁邊的兩隻正好掩護他。他自己選了那隻最大的頭羊，抓住羊背，騎上去，然後慢慢地轉到它的肚子下，緊緊貼住。他們就這樣貼在羊身下，等著天亮。

天終於亮了，波呂斐摩斯在每一頭往外竄的公羊的背上仔細地摸著，知道上面沒有人。但愚蠢的巨人絕對沒有想到羊肚下會藏著人，載著奧德修斯的那隻羊走得慢，最後才到門口。後來奧德修斯第一個從羊肚下面鑽出來，然後將他的同伴一個個地從羊肚下面解下來。可惜他們只剩下七個人了，他們擁抱在一起，並為死去的同伴感到悲哀。他們把羊群趕到船上去，在海上航行了一段距離，他才朝趕著羊群，爬上山坡的庫克羅普斯巨

人嘲弄般的呼喊：「喂，波呂斐摩斯，你的對手並非等閒之輩，你的惡行得到了報應，你已經嘗到神的懲罰！」波呂斐摩斯聽到了這話，怒不可遏。他從山上抓起一塊石頭，順著喊聲朝他們的船擲來。奧德修斯大聲叫著：「如果有人問你，是誰戳瞎了你的眼睛，你告訴他們：你的眼睛是征服特洛伊城的英雄，拉厄耳特斯的兒子，伊塔刻的奧德修斯戳瞎的！」

　　波呂斐摩斯聽到這話，憤怒的吼道：「古老的預言現在應驗了，多年前預言家特勒摩斯說，我的眼睛將會被奧德修斯戳瞎。可是，奧德修斯，我請求你回來，這次我會待你像賓客一樣，並請海神保佑你一路平安。你要知道，我就是波塞冬的兒子。」說著，他就祈求父親波塞冬在奧德修斯的歸途上製造災難。最後還說：「即使他能回到故鄉，也要儘量拖延很久，讓他受盡漂流之苦，讓他在船上忍受孤獨的折磨，讓他回家後也遭到不幸！」

　　後來海神一定是答應了兒子的請求。因為奧德修斯後來接連不斷的遇到危險，這一定是波塞冬不斷給他製造的麻煩。

女仙喀耳刻

在埃埃厄海島上住著一位美麗的女仙喀耳刻，她是太陽神和海神女兒珀耳塞所生的孩子，是國王埃厄特斯的妹妹。

喀耳刻在島上有一座漂亮的宮殿。一天，奧德修斯的船駛進埃埃厄海島的港灣，他們把船停泊在港灣後，因過分疲勞和悲哀，就躺在岸邊的草地上睡著了，一直睡了兩天兩夜。

等到第三天清晨時，他們醒來了，奧德修斯佩著劍，執著長矛，出發去探詢情況。不久，他發現了一樓青煙從宮中升起，可是這令他不禁想起不久前發生的可怕的巨人食人事情，因此他決定還是回到朋友們的身邊。就在他回來的途中突然發現一頭高大的雄鹿。於是

奧德修斯用長矛擲去，擊中它的背部，雄鹿尖叫一聲倒在地上死了，他拔出長矛，用柳條編成繩索，捆住鹿腳，然後將它背在背上，朝船走來。

同伴們看到他肩上扛回了一頭漂亮的獵物非常高興。他們將鹿肉烤得噴香，又找出剩下的一點點麵包和酒，坐下來大吃。他給他們講起宮中冒出青煙的事，可是他的夥伴們都沒有勇氣去偵察，因為他們害怕之前那可怕的事情再度發生，只有奧德修斯一個人還沒有喪失勇氣。於是他把同伴們分為兩隊，自己率領一隊，歐律羅科斯率領另一隊。然後他們在戰盔裡抽籤，結果歐律羅科斯中籤，於是他帶著二十二名夥伴出發心驚膽顫的朝著冒出青煙的地方走去。

不久，他們到了一座華麗的宮殿前，這宮殿坐落在綠蔭遮蔽的山谷裡，四周繞著漂亮的圍牆。這兒就是女仙喀耳刻居住的地方。他們走近宮門，突然看見宮院裡有許多野狼和猛獅在奔跑。

野狼露出尖尖的牙齒，獅子抖動著蓬亂的鬣毛，他們嚇得正想逃跑時，那群野獸已將他們團團圍住。奇怪的是那些野獸很溫和，只是慢慢的走過來，像向主人搖尾乞憐的狗一樣。他們後來才知道，它們原來都是人，是被喀耳刻用魔法變成了野獸。野獸沒有傷害他們，所

以他們又鼓起勇氣，走近宮殿的大門。他們聽到宮殿裡傳來喀耳刻美妙的歌聲，她一邊唱歌，一邊趕織一件神奇而漂亮的衣裳。

奧德修斯最要好的朋友波呂特斯最先看到她，感到很高興。在他的建議下，其他的朋友們一齊喚她出來。喀耳刻走到門外，友好的請他們進去。除了歐律羅科斯外，大家都跟她進去了。歐律羅科斯是一個很謹慎的人，他吸取了以往的教訓懷疑其中有詐。

其餘的人走進宮殿，坐在華麗的椅子上。喀耳刻端來了乳酪、麵粉、蜂蜜和醇厚的美酒，把它們摻和在一起，調製成可口的糕點。她乘他們不注意時在裡面攙進了一些魔藥，吃了這種糕點的人，就會神志迷亂，忘記他們的故鄉，並變成動物。奧德修斯的同伴們剛咬了一口，就變成了全身長毛的公豬，並發出了豬叫聲。這時喀耳刻把他們趕進了豬圈，扔給他們一些僵硬的橡實和野果。

站在遠處的歐律羅科斯看到了這一切後，他連忙轉身向船上奔來，向奧德修斯報告朋友們的悲慘遭遇。奧德修斯一聽，連忙佩上寶劍，拿起弓箭，要歐律羅科斯帶他去宮殿。可是，歐律羅科斯用雙臂抱住他的雙膝，懇求他不要自投羅網。可是奧德修斯堅持要去救他的朋

友們，於是他獨自向宮殿走去。在路上，他遇到一個年輕人，他是神的使者赫爾墨斯，他從地上拔起一株開著白花的黑根草，告訴奧德修斯帶上這種魔草，女仙就不能傷害他了。並且最後女仙會答應把他的朋友恢復成人。赫爾墨斯說完後，就消失得無影無蹤。

於是，奧德修斯朝喀耳刻的宮殿走去。到了宮門口，他大聲呼喚喀耳刻，她走出來友好的招呼他進去，請他坐在華麗的椅子上，一會兒女仙讓他喝她調好的酒。還沒等他把酒喝完，她就迫不及待地用魔杖觸他，並且毫不懷疑她的魔力。

她說：「到豬圈裡去找你的朋友吧！」於是奧德修斯抽出寶劍，假裝要刺殺她，她驚叫一聲，倒在地上，伸出雙手抱住奧德修斯的雙膝，向他哀求：「可憐可憐我吧！偉大的人，莫非你就是奧德修斯？許多年前，赫爾墨斯向我預言，說你從特洛伊回國時必經此地。如果真是這樣，就請你收起寶劍，讓我們成為朋友吧！」

可是奧德修斯並沒有放下寶劍，他讓喀耳刻發誓保證不傷害他。喀耳刻發了誓後，奧德修斯才放了心，安安穩穩地睡了一夜。

第二天清晨，喀耳刻熱情地招待了他，可是他只是默默地坐在漂亮的女主人的對面，滿面愁容。喀耳刻禁

不住問他,為什麼如此憂鬱。奧德修斯對她說:「一個人在自己的朋友遭了難時,他哪有心情高興的飲宴呢?如果你要我高高興興的和你用餐,就請你把我的朋友恢復人形!」

於是喀耳刻立即拿起魔杖,離開了屋子,把奧德修斯的朋友們從豬圈裡趕了出來。他們都圍著他,看上去都像九年的老豬一樣。

喀耳刻用另一種魔藥一個個的塗抹在他們身上,突然豬毛脫落他們又變成了人,而且比以前更年輕,更英俊。這時女神慇勤地對奧德修斯說:「我滿足了你的願望,請你也滿足我的一個願望吧。把你的船拉上岸,將船上的貨物都運到岸邊的山洞裡,你和你的朋友們都留在我這裡愉快地生活吧!」

奧德修斯聽了女仙的話也動心了,於是很快回到海上去見留守的朋友。可是朋友歐律羅科斯覺得奧德修斯很衝動,還是不放心。但最終奧德修斯的威嚴鎮住了他,他也不得不答應。

他們收拾好就來到了喀耳刻的宮殿。這時,喀耳刻已為他們準備好了一切,他們在宮中每天都快樂的生活著,心情一天比一天快樂,就這樣在女仙那裡整整住了一年。漸漸的他們都產生了思鄉之情。於是他們便向喀

耳刻提出要走的請求。

　　喀耳刻要求他在回家前，必須先到哈德斯和珀耳塞福涅的陰間王國去，向底比斯的預言家提瑞西阿斯的幽靈詢問未來的事。最後奧德修斯聽從她的話帶著他的同伴們向地獄的方向駛去。

　　喀耳刻為他們準備了充足的蜂蜜、美酒和麵粉。還給他們送來一陣順風，奧德修斯和他的同伴們又開始了在大海上的航行。

奧德修斯和珀涅羅珀

奧德修斯在特洛伊戰爭之後,就和他的同伴踏上了回家的路途,可是途中遇到了很多艱難險阻,其中也有對他愛慕的神女卡呂普索的七年挽留,還有國王阿爾喀諾俄斯女兒瑙西卡對他的一見傾心,可是奧德修斯始終不為之所打動,因為在他心裡一直惦記著自己的妻子珀涅羅珀,他懷著思鄉之情急切地想早點回到自己的故土。

就在奧德修斯和同伴們在海上漂泊的日子裡,他的宮中卻是一片悲哀和混亂。美麗的珀涅羅珀和她的年輕的兒子特勒瑪科斯已不能成為宮殿的主人了。

珀涅羅珀是伊卡里俄斯的女兒,他曾宣佈把女兒嫁給競賽的勝利者。奧德修斯在競賽中取勝,得到了聰明

而美麗的珀涅羅珀。奧德修斯帶著她離開拉西堤蒙回伊塔刻時，伊卡里俄斯懇求女兒不要離開他。奧德修斯請她自己決定。珀涅羅珀默默的把新娘的面紗罩住臉，表示願意隨他回去。此後，她一直忠於愛情，至今不渝。

特洛伊城陷落的消息傳到伊塔刻時，她看到其他英雄陸續回到家鄉，但不見奧德修斯歸來。時間長了，便有人謠傳他已死了。後來，越來越多的人信以為真。於是，珀涅羅珀一下子成了年輕的寡婦，她的美麗和巨大的財富吸引了眾多的求婚者。

單從伊塔刻就來了十二個王子，從鄰近的薩墨島來了二十四個，從查托斯島來了二十個，而從杜里其翁則來了五十二個。

此外，求婚者還帶了一名使者，一名歌手，兩個廚子以及一大群隨從。所有的王子都來向珀涅羅珀求婚，並強行住在宮殿裡，吃喝玩樂，盡情享用奧德修斯的財富。這種情況已有三年了。

在這三年裡，珀涅羅珀不斷的應付著這些求婚者，因為他們母子倆沒有能力把這些人趕走，於是她只能暫時把這些人穩住。於是，她在房裡支起一架織布機，對求婚者說：「年輕人，你們必須等待，必須等我為拉厄耳特斯織好這段壽布，他是我的丈夫的父親。我不能讓

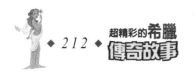

希臘的女人指責我，說我沒有給顯赫而又年邁的人穿一件體面的壽衣。」她以這個為藉口應付著那些求婚者，博得了他們的理解和同情。

後來，她在白天坐在織布機前織布。可是，到了夜裡，她又在燭光下把白天織過的布拆掉。她就這樣騙了那些人，讓他們白白等了三年。後來，她的一個女僕把消息偷偷的告訴了那些人，他們乘她在夜裡拆布時闖了進去，戳穿了她的把戲，並強迫她織完那段布。後來這些人繼續住在奧德修斯的宮殿裡吃喝玩樂。

特勒瑪科斯，奧德修斯的兒子現在已經長大成人了，他受到了雅典娜的指點，把母親送到了她父親，伊卡里俄斯的家裡去，在那裡挑選她的丈夫。特勒瑪科斯則去尋找自己的父親。後來奧德修斯假裝成一個乞丐回到家裡，試探妻子，證明了妻子對自己的忠貞。奧德修斯和兒子特勒瑪科斯在女神雅典娜的幫助下向那些求婚者復仇。

當特勒瑪科斯的乳媽歐律克勒阿告訴珀涅羅珀：「你日夜盼望的人已經回來了，奧德修斯已經回來了，他已將那些讓你擔驚受怕的求婚人全都殺死了。」

珀涅羅珀不敢相信他的話，歐律克勒阿就告訴她，說：「那些求婚者在大廳裡所嘲弄的那個外地人，那個

乞丐就是奧德修斯，其實，你的兒子特勒瑪科斯早就知道了，他們父子倆在完成對求婚人的復仇之後，才能相認。」

王后珀涅羅珀看到站在自己面前身穿乞丐服的奧德修斯時，又驚又疑，一時間難以開口。過了一會兒，她好像覺得那是她的丈夫，但又感到他仍是一個外地人，一個衣服破爛的乞丐。

特勒瑪科斯忍不住了，幾乎是惱怒的，但仍然帶著微笑地說：「母親，你為什麼一動不動地站在那裡？坐到父親身邊去，仔細看看他，並且問他呀！哪有一個女人跟丈夫分別二十年後，看到丈夫回來，還像你這樣無動於衷的？難道你的心硬似石頭，沒有感情嗎？」

「呵，親愛的兒子，」珀涅羅珀回答說，「我已經驚訝得呆住了。我不能說話，不能問他，甚至也不能看他！可是，如果這真的是他，是我的奧德修斯回來了，我們自會互相認識的，因為我們都有別人不知道的祕密標記。」

奧德修斯聽到這裡，朝兒子轉過身子，溫和的微笑著說：「讓你的母親來試探我吧！她之所以不敢認我，是因為我穿了這身討厭的破衣服。但我相信她會認出我的。現在，我們首先得考慮一下其他的事情，我們殺死

了國內和附近海島的許多年輕的貴族，那可不是一件小事。我們該怎麼辦呢？」

特勒瑪科斯說：「父親你是世界上最聰明的人，這得由你做出決定。」

於是奧德修斯就告訴兒子和女僕們穿上最華麗的衣服，歌手彈琴奏樂。假裝在舉行慶宴。這樣求婚人被殺的消息便不會傳出去。同時叫他準備到鄉下的田莊去，以後的事神祇一定會告訴他該怎麼做的。特勒瑪科斯聽後就照父親的命令去做了，宮外的人以為是珀涅羅珀選定了她的丈夫，宮裡正在舉行婚禮呢。

而奧德修斯在這段時間裡沐浴更衣，並抹上香膏。雅典娜使他神采奕奕，矯健俊美，頭上鬍髮烏黑，看上去像神祇一樣。

他回到大廳，坐在妻子對面。可是妻子還想試探一下她的丈夫。就說讓人給他把床搬來，讓他就寢。但奧德修斯卻皺起了眉頭，看著她說：「你在侮辱我。我的床沒有一個人能搬得動。它是我自己建造的，這裡有一個祕密。只有咱倆知道的。」

珀涅羅珀聽到他說出了只有他們兩人才知道的祕密，激動朝丈夫奔去。對丈夫說：「奧德修斯喲，你永遠是個最聰明的人。請別生我的氣！不朽的神祇使我們

遭受了多少苦難和厄運，因為我們年輕時生活歡樂，過分幸福，使他妒忌了，請你不要怪我，沒有立即溫柔的投入你的懷抱，沒有立即歡迎你。我的一顆可憐的心始終懷著戒備，擔心有一個假冒的人來騙我。現在，我完全相信了，因為你說出了只有你和我才知道的祕密！」奧德修斯高興得心都在發顫，他也淚流滿面，緊緊抱住可愛而忠貞的妻子。這樣別後二十多年的恩愛夫妻，今天終於團聚了。夫妻兩人互訴衷腸，各自談起別後二十年的苦難。

珀涅羅珀一直聽完她的丈夫把他的漂流故事說完，她才平靜下來。這時，房間內籠罩著濃濃的溫馨的氣氛。

苦戀的柯宇克斯和亞克安娜

柯宇克斯是長庚星和仙女菲羅尼斯所生的兒子，預言說他將會遇上不祥之兆，他決定前往小亞細亞的克拉羅斯一座有名的阿波羅神殿去祈福。他的妻子亞克安娜是風神埃洛斯的女兒，對丈夫十分溫順體貼。她想打消丈夫出門的念頭，或者至少能夠說服丈夫，帶上她一起踏上這趟危險的旅途。「我們雖然不忍分離，」柯宇克斯試圖安慰妻子，「可是我當著父親的面對你發誓，當月亮完成第二回圓缺的時候，我就回來了。」說完，他就著手整理行裝。

臨近告別的時候，亞克安娜抑制不住內心的痛苦。「再見。」她嗚咽著說了一句便暈倒在海岸上。柯宇克

斯急忙想奔過來，可是船上的水手們已經把船槳搖動起
來，他無法久留。當亞克安娜抬起一雙模糊的淚眼時，
她看到丈夫正站在大船的後甲板上，用手向她召喚著。
她連忙揮手，目送著大船，直到白色的船帆消失在視線
之外。然後，她回到家中，一頭撲在床鋪上放聲大哭。
從此，她時時刻刻的惦記著遠方的親人。

　　帆船離岸以後漸漸駛進大海，海面上輕拂著一股微
風，順風順水，大家把船槳擱在一旁。一會兒，一半路
程就已經過去了。可是風雲突變，可怕的東風神歐洛斯
趁著夜幕自南往北，呼嘯而來。海面上掀起了巨大的風
浪。「放下橫桿。」舵手大聲疾呼：「把船帆捲住裹
緊。」他的話剛一出口就消失在隆隆作響的巨浪之間。
大家手忙腳亂，有人收起了船槳，有人急忙修補船舵上
的破洞。正當大家忙成一團的時候，風力更加肆虐起
來，幾乎快把大海吹了個底朝天。舵手心驚膽顫的站在
船舵旁邊，失去了主張。天上烏雲密佈，漆黑的夜晚降
臨了。閃電陣陣，雷聲隆隆，滔天的巨浪盤旋而上，降
落的時候給船上送去無數的海水。船體開始鬆動了，又
一陣巨浪撲進了大船的內艙。柯宇克斯不斷的思念著妻
子亞克安娜。他的嘴唇間不斷重複著妻子的名字。可是
儘管他無限的惦念著亞克安娜，他還是十分慶幸，妻子

畢竟沒有一同前來經歷這場駭人聽聞的危險。突然，裂斷的主桅桿倒了下來，轟隆一聲打碎了船舵。又是一陣巨浪，它脅裹著大船沉入了海底，水手們多數被捲進了漩渦。

柯宇克斯連忙抱住一塊木板，他大聲呼喊著：「亞克安娜。」當波浪鋪天蓋地在他頭頂轟然落下時，他歎息了一聲，最後，在他即將淹死的時候，他在口中還勉強發出一聲「亞克安娜」。

亞克安娜在家裡數著白天和黑夜，盼著丈夫還有幾天就可以回到家鄉。她已經翻尋出衣服，準備歡樂的迎接丈夫柯宇克斯。當然，她也沒有忘掉給赫拉端送祭供，請她保佑柯宇克斯安全健康，將他送回故鄉。赫拉焦慮的看著這一切，對彩虹女神伊里絲說：「快去睡神洞府，請他給亞克安娜托一個夢，把柯宇克斯的真實命運告訴她。」伊里絲聽完吩咐，她立即穿上七綵衣衫，越過閃閃發光的天庭橋樑，一直來到睡神居住的山巖洞府傳令。

睡神從他千百個孩子中挑選了莫耳甫斯，讓他去執行神的命令。莫耳甫斯立即扇起無聲的翅膀，穿過黑夜悄悄的來到熟睡中的亞克安娜床前。莫耳甫斯裝扮成淹死的柯宇克斯模樣，面色蒼白，一絲不掛，濕淋淋的頭

髮，雙頰上全是淚水。他看著亞克安娜說：「可憐的妻子，你還能認出柯宇克斯嗎？難道死亡已經改變了我的臉型？你是認識我的，不過我不是柯宇克斯。我只是他的陰影。親愛的，我已經死了。我的屍體漂浮在愛琴海上。你快穿上悲痛的黑衫，盡情的痛苦吧！我不能在沒有哀悼的氣氛中進入地府。」

睡夢中的亞克安娜顫抖著朝他伸出雙臂，嗚嗚咽咽的把自己哭醒了。「請停一下，你如此匆忙的要到哪裡去？」她努力地追憶著夢中消逝了的景象。「讓我跟你一起走吧！」等她一切都明白過來的時候，她用雙手捶打著自己的頭，扯拔著自己的頭髮，撕碎了身上的衣衫，無限悲痛的號啕大哭。

清晨，她走出家門，來到海邊。她站在上次送別親人的地方，搜索著遠方，張望著。突然，她在遙遠的波浪叢中似乎看到一個人的身影，正朝著海岸漂泊過來。不幸的女人伸出雙手，她準備躍入海浪跟丈夫在一塊兒，她突然被一雙翅膀托到空中。她悲哀的鳴叫著變成一隻小鳥，越過水面，嗚嗚咽咽的飛進了丈夫的胸膛。眾神看到這幕情景大為感動。他們變換了柯宇克斯的模樣，又重新借給他一回生命，夫婦倆頓時都成為了海上的翠鳥，它們永遠忠實於往日的愛情，至誠至深。

品味唐詩《上》

人生之無常，正如天地之蒼茫。

藝術來自於生活，是現實生活在文人們筆下的反映。

熟讀唐詩可以走進歷史，走進那個時代，走進詩人們的生活。

在人生中當我們碰到各種境遇時，一定會發出許多感慨，或是感歎人生苦短，或是憂思古人，或是歎老嗟卑，或是意氣風發、笑談人生……人生雖然由許多具體內容組成，但是卻有許多共通之處，讓我們從唐詩裡領略古人的心得及背後那些鮮為人知的故事。

品味唐詩《下》

說不盡的是永遠的牽掛和擔憂，

道不完的是彼此的相思與懷念，

種種的遺憾，在詩人們的筆下化作了一曲曲悲歌。

自古文人多強項，雖說書生總給人一種文弱的印象，

但是他們卻心繫天下、關注時局、憂國憂民，他們是用筆和紙抗爭的戰士。

唐詩記錄了一些有趣的事情，而有些詩歌的創作本身就是一段小小的奇聞逸事，

本書將為讀者講述唐詩背後那些鮮為人知的故事。

品味宋詞《上》

詞，又稱長短句，在歷史上，以宋朝時期詞的成就最高，所以人們常以唐詩宋詞並稱。宋詞不乏唐詩的意境，又多了一份詞的韻味，讀來朗朗上口，不但為當時的文人墨客所喜愛，也常為後人、包括今天的人們所吟誦。

每一個特定的時代似乎總會出現一些讓人傷懷的事情，這些事情的進一步深化便成了歷史上的悲劇，有受封建禮教束縛的愛情悲劇；也有愛國志士遭佞人讒害致死的悲劇；更有大好河山落入旁人之手的千古遺恨。在這一幕幕的悲劇中，詞人用他們特有的手法書寫著、記錄著，留給後人深深的啟迪。

品味宋詞 《下》

宋詞的精髓在於一個「美」字：有傷感之美，有豪邁之美，
有「小橋流水人家」的情趣之美，有「壯懷激烈」的胸懷之美。
在品讀宋詞中，人們可以體會文字的力量，也可以感悟情懷的豐沛。

宋詞是古典文學寶庫中的一塊寶玉。
抒情是宋詞創作的主要動因之一，在這些言志、抒情的詞篇中，有對現實生活的無奈，有對當政者的不滿和憤慨，也有對人生的真實感悟。這些都是作者真實情感的流露，也是前人對世事、人生百態的看法。

永續圖書
線上購物網

www.foreverbooks.com.tw

◆ 加入會員即享活動及會員折扣。

◆ 每月均有優惠活動，期期不同。

◆ 新加入會員三天內訂購書籍不限本數金額，

即贈送精選書籍一本。（依網站標示為主）

專業圖書發行、書局經銷、圖書出版

永續圖書總代理：

五觀藝術出版社、培育文化、棋茵出版社、犬拓文化、讀

品文化、雅典文化、知音人文化、手藝家出版社、璞申文

化、智學堂文化、語言鳥文化

活動期內，永續圖書將保留變更或終止該活動之權利及最終決定權。

謝謝您購買　__厲害了，我的神：超精彩的希臘傳奇故事__　與我們一起分享讀完本書後的心得。務必留下您的基本資料及電子信箱，使用我們準備的免郵回函寄回，我們每月將抽出一百名回函讀者，寄出精美禮物以及享有生日當月購書優惠！想知道更多更即時的消息，歡迎加入 "永續圖書粉絲團"

您也可以使用以下傳真電話或是掃描圖檔寄回本公司電子信箱，謝謝！

傳真電話：（02）8647-3660　　電子信箱：yungjiuh@ms45.hinet.net

●請針對下列各項目為本書打分數，由高至低5～1分。

　　　　　　　5 4 3 2 1　　　　　　　　　　　5 4 3 2 1
1. 內容題材　□□□□□　　2. 編排設計　□□□□□
3. 封面設計　□□□□□　　4. 文字品質　□□□□□
5. 圖片品質　□□□□□　　6. 裝訂印刷　□□□□□

●您購買此書的地點及店名＿＿＿＿＿＿＿＿＿＿＿＿＿＿＿＿＿＿＿＿＿

●您為何會購買本書？
□被文案吸引　　□喜歡封面設計　　□親友推薦　　□喜歡作者
□網站介紹　　　□其他＿＿＿＿＿＿＿＿＿＿＿＿＿＿＿＿＿＿＿＿＿

●您認為什麼因素會影響您購買書籍的慾望？
□價格，並且合理定價是＿＿＿＿＿＿　　□內容文字有足夠吸引力
□作者的知名度　　　□是否為暢銷書籍　　□封面設計、插、漫畫

●請寫下您對編輯部的期望及建議：

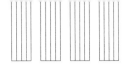
2 2 1 - 0 3
新北市汐止區大同路三段194號9樓之

傳真電話：（02）8647-3660
E-mail：yungjiuh@ms45.hinet.net

培育

文化事業有限公司

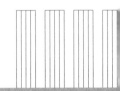

讀者專用回函

厲害了，我的神：超精彩的希臘傳奇故事

培 養 文 化 育 智 心 靈 的 好 選 擇